Heinz *Gitosh* Stöcher

Wie die Kinder

Ein autobiografisches Arbeitsbuch

ENNSTHALER VERLAG STEYR

Erklärung

Die in diesem Buch angeführten Vorstellungen, Übungen und Therapiemethoden sind nicht als Ersatz für eine professionelle medizinische oder therapeutische Behandlung gedacht. Jede Anwendung der in diesem Buch angeführten Ratschläge geschieht nach alleinigem Gutdünken des Lesers. Autor, Verlag, Vertreiber, Händler und alle anderen Personen, die mit diesem Buch in Zusammenhang stehen, können weder Haftung noch Verantwortung für eventuelle Folgen übernehmen, die direkt oder indirekt aus den in diesem Buch gegebenen Informationen resultieren oder resultieren sollten.

www.ennsthaler.at

ISBN 978-3-85068-944-1

Heinz Stöcher · Wie die Kinder

Ennsthaler Gesellschaft m.b.H. & Co KG, 4400 Steyr, Österreich
Satz & Umschlaggestaltung: Thomas Traxl, Steyr
Titelbild: fotolia.de / Syda Productions
Druck & Bindung: Těšínská Tiskárna

FSC
www.fsc.org
MIX
Papier aus verantwortungsvollen Quellen
FSC® C005833

Für **Sarah Magdalena,**
die unter meinen Enkelkindern
am weitesten in die Zukunft sieht.

Wo unsere Aufmerksamkeit hingeht,
sei es, dass es uns im positiven Sinne besonders anspricht,
sei es, dass es unseren Widerspruch,
unseren Ärger oder gar unseren Zorn erregt,
dort begegnen wir uns selbst.
Dort beginnt unsere Arbeit
an uns selbst.

»Suchet zuerst das Himmelreich,
alles andere wird euch dazugegeben werden.«
JESUS, DER CHRISTUS
in: Evangelium nach Lukas, Kapitel 12, Vers 33

»Wenn ihr nicht werdet wie die Kinder,
könnt ihr nicht ins Himmelreich kommen.«
JESUS, DER CHRISTUS
in: Evangelium nach Matthäus, Kapitel 18, Vers 3

Inhaltsverzeichnis

Verzeichnis der Übungen

Das Symbol ☺ findet sich auch dort, wo der Text eine Anregung zu einer Übung enthält.

Die Wahrheit ist jenseits aller Beweise

Wie die Kinder. Wie sind Kinder? Brav und wohlerzogen? Angepasst und unauffällig? Rebellisch? Trotzig und aufmüpfig? Altklug? Oder sind sie offen, lebendig, aufmerksam, neugierig, total, im Augenblick lebend, wertfrei, unvoreingenommen, authentisch und spontan? Kinder in ihrem ursprünglichen Sein.

Im Frühjahr 2012 bin ich einem Mann begegnet, der mir durch sein eigenartiges Verhalten besonders auffiel. Seine Aussagen hörten sich zwar vernünftig an und seine Handlungen waren zumindest vordergründig eigenständig. Doch in allem klang sein Bedürfnis nach Erklärung und nach Ehrichtig-Machen durch. Insgesamt wirkte er wie ein angepasstes braves Kind. Da war nicht die Spur eines erwachsenen Menschen. Mir fiel Eric Bernes Buch »Spiele der Erwachsenen« ein. Berne sah im Menschen verschiedene Ich-Anteile, die er mit Rollen in der Familie verglich. Er unterteilte das Ich in ein Erwachsenen-Ich, ein Kind-Ich und ein Eltern-Ich. Beim Eltern-Ich unterschied er einen fürsorglichen und einen kritischen Anteil und beim Kind-Ich ein freies und ein angepasstes »Kind«, wobei er den rebellisch-trotzigen Anteil dem angepassten zuordnete. Der Anteil ist ja eine konträre Anpassung. Bei dem Mann war kein »freies Kind-Ich« zu erkennen. Er war ein Bündel von Wohlverhalten, schön brav alles richtig machen. Selbst wenn er manchmal aus der angepassten Rolle zu treten und wie ein Erwachsener zu sprechen schien, waren es nur die Worte. Sprechweise, Mimik und Körperhaltung repräsentierten ein völlig angepasstes Kind.

In dieser Begegnung hatte ich eine spontane Eingebung: Ohne freies, unbekümmertes, spontanes Kind-Ich gibt es kein Erwachsenwerden. Mit einem Male sah ich den vielschichtigen und weit vernetzten Zusammenhang. Zudem erinnerte ich mich an die Bibelworte: »Wenn ihr nicht werdet wie die Kinder ...« *(Mt 18,3)*. Die ganze Themenfülle breitete sich vor mir aus. Ich sah auch, wie sehr mein Leben auf die Frage »Wie finden wir wieder zu unserem ursprünglichen Kind-Sein?« ausgerichtet war.

Sogleich dachte ich daran, ein Buch zu schreiben. Ich machte mir eine Mind-Map und daraus eine Gliederung: (1) Was heißt Kind-Sein? (2) Wie ist uns dieses Kind-Sein abhanden gekommen? (3) Wie können wir es wiedererlangen? (4) Welche Auswirkungen hat dieses Kind-Sein auf uns persönlich (körperlich, seelisch, auf unsere Lebenseinstellung und unseren Erfolg)? (5) Welche gesellschaftlichen Konsequenzen sind zu erwarten (Gesellschafts- und Wirtschaftspolitik, Weltanschauungen und Religionen)? Ich begann zu schreiben. Nach nur wenigen Seiten kam ich ins Stocken. Über ein Jahr lang blieb das Thema liegen. Zuweilen dachte ich, das Schreiben sei nicht der richtige Weg für mich. Ich müsse es einfach leben. Doch das Buch ließ mir keine Ruhe. Ich suchte einen anderen Ansatz: Meine Idee war, das Thema »Werdet wieder Kinder« in Dialogform darzustellen, und zwar als Gespräch zwischen Persönlichkeitsanteilen von mir. Das lief gut an, doch auch hier ging mir nach ein paar Seiten der Stoff aus. Was tun? Da erinnerte ich mich an ein leeres Büchlein, das mir mein Sohn Harald zu Weihnachten geschenkt hatte, ein indirekter Hinweis, ich solle doch ein Tagebuch schreiben. Mir liegt das Tagebuchschreiben überhaupt nicht. Aber ich wurde nachdenklich und fragte mich, was dieses Geschenk meines Sohnes für mich bedeuten sollte. Da kam die Antwort, das Buch in Form eines Tagebuches zu schreiben.

Ich begann zu schreiben, und so öffnete sich mir alsbald das ganze große Feld.

Ihnen als Leser möchte ich noch einen Hinweis geben. In dieser Tagebuchform habe ich mich auch selbst geoutet. Wir neigen dazu, persönliche Aussagen für eine eingehendere Interpretation der betroffenen Person zu nützen. Ich habe nichts dagegen, auch wenn Sie dabei in einer Sackgasse landen sollten. Hilfreich ist es für Sie, wenn Sie in solchen Momenten in sich selbst hineinschauen und sich fragen, was diese oder jene Darstellung in Ihnen auslöst. Wenn Sie dem nachgehen und fündig werden, können Sie davon profitieren. Wenn Sie dazu von vornherein nicht bereit sind, ist dieses Buch wahrscheinlich nicht die richtige Empfehlung für Sie.

Es gibt keine Anleitung für den Weg zum eigenen Kind-Sein. Den Weg muss jeder selbst finden und gehen. Finden Sie Ihren. Jeder Mensch ist ganz in seiner eigenen Verantwortung. Das ist auch der Anspruch dieses Buches einschließlich der einzelnen Übungen. Das Buch birgt viele Hinweise. Auch das Literaturverzeichnis trägt dem Rechnung.

14. April 2014

Begegnung

Ich ging außer Haus, änderte nach Kurzem meinen Weg. Da sah ich eine Frau, der ich bereits mehrmals begegnet war. Obwohl ich keine Ahnung hatte, wer sie war, ordnete ich sie sogleich in meinem Bewusstsein ein. Ich wusste nichts über sie, weder über ihre derzeitige Situation noch ihre Lebensgeschichte. ☺ Als ich dessen gewahr wurde, ließ ich meine ordnenden Gedanken fallen.

Ihr Leben zog an mir vorüber: Welches Schicksal diese Frau wohl hatte, welche Kindheit sie durchlaufen hatte und in welchen Lebensumständen sie nun war? Ich hatte keine Antwort. Ich fiel ins Leere. Ich öffnete mich und landete in meinem Herzen.

Meine urteilende Haltung war weggeblasen. Ich fühlte mich frei und leicht. Ich war wieder bei mir angekommen.

Ich urteile ständig. Ich weiß nicht, wann das begonnen hat. Doch in der Begegnung mit dieser Frau wurde ich nicht nur an mein Einordnen erinnert. Mit dem Loslassen wurde mir klar, welche Last wir uns mit diesem Urteilen aufbürden. Es belastet uns ständig. Loslassen befreit, körperlich und seelisch.

Eben habe ich den Leitartikel im Programmheft eines katholischen Bildungshauses gelesen. Darin schreibt der Autor, ein akademisch gebildeter Theologe, vom Frühlingserwachen. Davon leitet er ab, dass das Leben stärker sei als der

Tod, und ergeht sich dabei in frei erfundenen Zusammenhängen. Er bringt das Osterfest in Verbindung mit der Auferstehung der Natur. Dass die Begründer der christlichen Kirchen das Osterfest an die Stelle eines bedeutenden vorchristlichen Kultes gesetzt haben, um überhaupt hierzulande Fuß fassen zu können, verschweigt er.

Wahrscheinlich wurde diesem Theologen schon als Kind die Geschichte so erzählt. Und so gibt er sie weiter, und weil niemand bewusst hinhört, sind seine Zuhörer fasziniert. Sie sind wieder einmal eingefangen.

Ich bin in meinem kindhaften Gemüt naiv. In dieser Unvoreingenommenheit verstehe ich konstruierte Zusammenhänge und frei erfundene Assoziationen mit Glaube und Hoffnung nicht. Man wird sie mir auch nicht mehr erklären können, denn inzwischen wurde ich erwachsen. Als ich noch Kind war, hat man mir Vorstellungen so lange eingeredet, bis ich sie für bare Münze genommen habe. Es war ein langer und teils beschwerlicher Weg, bis ich da herausgefunden habe. Ich habe Menschen, die mir den Blick für die Wirklichkeit geöffnet haben, dem Bösen zugeordnet, sie mit dem Teufel im Bund gesehen, ehe ich begriffen habe. Mein Hausverstand hat mich vor dem totalen Absturz gerettet. Aber es war mühsam. Wenn ich mich zurückerinnere, kommt mir in den Sinn, dass mich eine unvoreingenommene, unmittelbare Sichtweise, mit der ich den Themen konsequent auf den Grund gegangen bin, stets begleitet hat, auch wenn sie mir von Anfang an nicht bewusst war und ich mich ihrer nur selten bedient habe.

Wahrscheinlich habe ich von meinem Großvater mütterlicherseits gelernt, wirklich hinzuschauen und zu sehen, was Sache ist. Er war Schmied, und als Schmied lernt man nicht nur Eisen eine Form zu geben. Es war der Blick ins Feuer, der seinen Geist formte. Und er hatte einen tiefgründigen Humor.

In jungen Jahren war es mir bereits ein Anliegen, zu erkennen. Im Lauf der Jahre habe ich dann erfahren, wie unsere Sinneswahrnehmung funktioniert und wie wir die Eindrücke verarbeiten. Da habe ich auch gelernt, wie wir Sinnestäuschungen unterliegen und wie wir uns davon befreien können. Mir war es dann besonders wichtig, zu erkennen, was wirklich ist, weil mir klar war, dass ich alleine für mich verantwortlich bin und das Leben nur so leben kann, wie ich es auch verstehe. Die Gefahr, dass ich einem Irrtum unterliege, ist mein ganz persönliches Risiko. Sollte mich jemand zur Verantwortung ziehen, kann und will ich mich nicht auf andere ausreden, die es mir so oder so erklärt haben. Ich will es wissen. Das ist kein leichter Weg, weil wir stets von Menschen umgeben sind, die ihrerseits Sinnestäuschungen unterliegen, ohne es zu merken. Und sie verteidigen ihren nicht erkannten Irrtum. Es ist ein sehr subtiler Prozess.

In Wirklichkeit ist es ein schönes, erhebendes Gefühl, ☺ unvoreingenommen in den Tag zu gehen und jede Situation neu zu erleben. Es hat etwas Lebendiges an sich und etwas Frohes.

15. April 2014

Sicherheit

Das Thema kam mir eben in den Sinn und ließ mich nicht mehr los. Wir suchen Sicherheit in einer unsicheren Welt. Versicherungsgesellschaften profitieren.

Vor Jahren hat der Leiter eines Selbsterfahrungskurses zu einer Übung eingeladen:

☺ 1 **Lebendigkeit:** Setzt euch bequem hin und schließt die Augen. Atmet ruhig und entspannt euch mit jedem Ausatmen etwas mehr ... Nun vergegenwärtigt euch eure Unsicherheit und taucht tief ein in sie. Lasst euch einfach hineinfallen in eure Unsicherheit.

Ich spürte, wie sich der Boden unter meinen Füßen auflöste und ich ins Bodenlose fiel. Ich fiel ... immer tiefer, endlos tief, wie in ein unendlich großes, finsteres Loch. Und ich fiel noch tiefer. Doch dann allmählich hellte sich die Umgebung auf und ich spürte, wie sich meine Unsicherheit verwandelte. Ich war in meiner Lebendigkeit gelandet, ich war zu neuem Leben erwacht. Die Umgebung, die eben noch kalt, grau und finster gewesen war, wurde freundlich, bunt und warm. Und das Gefühl von Verlassen-Sein wandelte sich in Geborgenheit.

Die Erkenntnis daraus: Im Leben gibt es keine Sicherheit, denn in der Sicherheit erstarren wir. Wenn du dich in deine Unsicherheit hineinfallen lässt, landest du in deiner Lebendigkeit!

Während ich das hier schreibe, spüre ich meine Lebendigkeit. Meine Lebensgeister sind erwacht und ich weiß mich vom Leben getragen.

Ein Freund stellte die Frage nach der größten Versicherungsgesellschaft. Seine Antwort: Die Religion. Die einzige Versicherung mit hundert Prozent Risiko, keinerlei Garantie und keiner Abgeltung im Schadensfall.

16. April 2014

Traumbilder

Heute Nacht hatte ich einen Traum. Ich war mit meiner Familie mit eigenem Auto auf einem Ausflug unterwegs. Wir trafen die Schwiegermutter und den Schwager. Vor der Heimfahrt bat mich meine damalige Partnerin, ihre Mutter zu deren Wohnung zu fahren. Ich überließ meinem Ex-Schwager das Steuer meines Autos, das in seiner Form und mit der dunkelblauen Farbe meinem alten Peugeot sehr ähnlich war.

Wir kamen in ein unwegsames Gelände mit Erdaufschüttungen. Ich wies den Lenker an, welche Route er nehmen sollte. Das geschah durch Gedankenübertragung erstaunlich gut. Der Fahrer vertraute mir. Als es kein Weiterkommen gab, kehrten wir um und fuhren zurück auf den Karrenweg. Dort stiegen wir alle aus dem Auto. Mir fiel auf, dass kleine Verkleidungsteile an der unteren Seite des Autos fehlten. Ich suchte das befahrene Gelände ab, fand aber die Teile nicht.

Wir waren unschlüssig, was wir weiter tun sollten.

Ich wachte auf.

Ich setzte mich den Traumerfahrungen und den dabei empfundenen Gefühlen aus. Da kamen mir Erinnerungen in den Sinn, dass ich mich in bestimmten Situationen auf etwas einlasse, Wünschen anderer entspreche, obwohl ich es gar nicht will. Ich komme anderen entgegen, weil ich nicht ablehnen will.

Das heißt, ich inszeniere selbst meine Probleme und Schwierigkeiten. Ich bin meines Glückes – und Unglückes – Schmied!

Wie soll ich nun damit umgehen? Mir fällt nichts Besseres ein, als mir einfach zuzustimmen. ☺ Ich nehme mich an, wie ich bin: Ja, das sind meine Anteile, das bin ich!

Ich nehme die Erfahrung in mein Herz – und fühle mich leicht.

17. April 2014

Lieber Thomas,

danke für Deine Nachricht. Die Rückmeldung über den TV-Spot betreffend meinen Sohn hatte ja keine Eile. Hauptsache, Du hast den Film gesehen.

Zu meinem Buch habe ich vor wenigen Tagen den dritten und hoffentlich aussichtsreicheren Anlauf genommen. Ich behandle das Thema »Wie die Kinder« nun in Tagebuchform, wobei ich mich jeweils von einem aktuellen Ereignis oder einem Gedanken, der mir in den Sinn kommt, leiten lasse. Das Thema ist ja in mehrfacher Hinsicht komplex. Einerseits gilt es herauszuarbeiten, was das Kind-Sein in seiner Ursprünglichkeit ist, nämlich das Spontane, Unbekümmerte und Naive im Sinne von unvoreingenommen, das Authentische, das Leben im Hier und Jetzt, das Unbestechliche, das nicht Wertende und auf keinen Fall das ach so liebe angepasste Kind, aber auch nicht der trotzige Rebell. Dazu will ich auch darauf eingehen, wie wir dieses Kind-Sein wiedererlangen können, nachdem es uns abhanden gekommen ist. Andererseits sind die Konsequenzen, die das wiedergewonnene Kind-Sein zur Folge hat, äußerst vielfältig. Sie betreffen uns in unserer körperlichen und seelischen Befindlichkeit, also unserer Gesundheit, in unserem Sozialverhalten, dem Erfolg im Leben in jeder Hinsicht, beruflich und privat, familiär und im Freundeskreis. Weil ein Kind noch die Welt so anschaut, wie sie wirklich ist und nicht wie sie ihm erklärt wird, geht es auch um die Welt-Anschauung und damit auch um die Religion.

Mit dem Tagebuch möge es mir nicht nur gelingen, diese Komplexität darzustellen und fassbar zu machen, sondern auch einen Weg zu gehen, auf dem die Leser die einzelnen Aspekte wie in einem Puzzle aufnehmen können und am Ende ihr eigenes Bild gestaltet haben. Das Letztere scheint widersprüchlich, weil es in diesem Prozess auch darum geht, bestehende Bilder zu löschen. Aber es ist ein neues Bild, das nicht in frühester Kindheit wurzelt und daher selbst leicht aufgelöst werden kann.

18. April 2014

Johannes-zehn-dreißig

Heute ist Karfreitag. Die Christen gedenken heute des Kreuzestodes von Jesus, des Christus'. Für sie stehen die Leidensgeschichte und die Hinrichtung am Kreuz im Vordergrund. Dahinter verblasst sein »Eu-angelion«, seine gute Botschaft.

Als Jesus sagte: »Ich und der Vater sind eins« *(Joh 10,30)*, war sein Todesurteil eine beschlossene Sache. Wie kann einer mit dem Allerhöchsten eins sein? Dann hat doch diese oberste Instanz zu existieren aufgehört! Wen sollen dann die irdischen Machthaber dem Volk zur Verehrung vorsetzen? Ihre Autorität ist extrem gefährdet. Dieser Jesus von Nazareth muss verschwinden, weg von der Bildfläche!

Indem Jesus gesagt hat, er und der Vater seien eins, hat er diesen Vater transzendiert. Diesen Vater gibt es so nicht mehr. Wenn aber dieser Vater-Gott als eigenständige Individualität, als Gegenüber, zu existieren aufgehört hat, gibt es ihn als anzubetende und zu verherrlichende Institution nicht mehr. Das ist die gute Botschaft an die, die ihm nachfolgen: Du und Gott, ihr seid eins. Gott ist in dir. Du bist göttlich. Daran schließt sich die Frage an: Was ist dem Göttlichen am meisten gemäß? – Damit wir unser Leben danach ausrichten.

Den Kindern in den Ein-Gott-Religionen wird von klein auf von einem »Gott im Himmel« erzählt. Keiner hat ihn je gesehen. Um ihn uns einzuprägen, brauchen wir ein Bild. Ohne Bild können wir keinen Begriff in unserem Gehirn speichern. Welches Bild haben wir nun von »Gott«? Während uns von Gott erzählt wird, sind wir in einer konkreten Lebenssituation. In dieser Lebenssituation verankern wir den Begriff »Gott«. Daraus entsteht unser Gottesbild. Wir haben aber keinen bewussten Bezug zu dieser Lebenssituation, weil wir uns nicht mehr daran erinnern können. Es gibt allerdings Möglichkeiten, diese Erinnerung wachzurufen. Sie ist ja in uns gespeichert, nur nicht bewusst. Mir hat sich als Kind unter mehreren Aussagen am deutlichsten eingeprägt: »Gott ist ein gerechter Richter, der das Gute belohnt und das Böse bestraft«.

Im Alter von etwa sechzig Jahren wurde ich in eine Gruppe zu meditativen Übungen eingeladen. In dem Raum, in dem wir uns aufhielten, war es zu Beginn absolut still. Jeder von uns war ganz bei sich, in Meditation. In dieser Haltung folgte jeder seinen spontanen Impulsen in der Bewegung und mit stimmlichem Ausdruck. Während ich mich dieser Stille hingab und mich aufmerksam meinen Impulsen folgend im Raum bewegte, kam mir eine Erinnerung an meine Kindheit ins Bewusstsein: Ich sah mich in einer Ecke unserer Wohnküche knien. Mein Vater hatte diese Strafe angeordnet, weil ich später als vereinbart nach Hause gekommen war. Als ich mich da so knien sah, kamen auch die Erinnerungen an meine damaligen Gedanken und Emotionen hoch. Dort hatte ich mir mein Gottesbild, zumindest einen Aspekt davon, eingeprägt. Wenn ich bedenke, welch aufwendige Meditationsausbildung ich erfahren hatte, die es mir ermöglichte, mich an diese Kindheitssituation zu erinnern, meine ich, dass es nicht gerade einfach ist, derartige Erinnerungen wachzurufen. Das ist aber unabdingbar, wenn wir uns unseres Kind-Seins wieder voll bewusst werden wollen. Auch für mich ist diese Kindheitserfahrung nur eine von vielen.

Zu unserer Gottesvorstellung fällt mir noch eine Stelle in der Bibel ein, als Gott zu Moses sagte: »Du sollst dir kein geschnitztes Bild machen, kein Abbild von dem, was im Himmel oben oder unten auf der Erde oder im Wasser unter der Erde ist.« *(Ex 20,4)* Wenn aber unsere Begriffe an innere Bilder gekoppelt sind, wie sollen wir uns einen Gott ohne Bild einprägen? Die Konsequenz kann nur lauten: Lösche ihn aus deinem Bewusstsein. Ich hatte während meines Theologiestudiums in Rom einen Professor, von dem ein Kollege meinte, dass er während seiner Vorlesungen in vier Semestern kein einziges Mal das Wort »Gott« in den Mund genommen hat. Er hat Gott transzendiert.

Wenn jemand zu uns spricht, verstehen wir ihn nur, wenn wir uns ein Bild zu dem Gesagten machen können. Da aber jeder von uns Gott in einer anderen Situation erfahren und sich eingeprägt hat, hat jeder von uns ein anderes Gottesbild. Wenn wir also von Gott reden, reden wir aneinander vorbei! Wenn mich jemand fragt: »Glaubst du an Gott?«, so muss ich es verneinen, nicht weil ich seine Existenz anzweifle, sondern weil »Gott« an sich nicht greifbar ist, er für uns also nur in unserer Vorstellung existiert. Und diese ist bei jedem, für den es einen Gott gibt, anders. Wenn ich also die Frage bejahe, bejahe ich einen Gott, den ich nicht kenne. Es ist ja seiner. Mit meiner Zustimmung unterwerfe ich mich seinem Gottesbild und damit ihm: Die Inquisition feiert fröhliche Urstände!

Kürzlich hörte ich eine Radiosendung über Religionen. Darin wurde ein Theologe von der Rundfunksprecherin interviewt, und als er von Gott sprach, fragte sie ihn, welchen Gott er meine. Eine wichtige Frage. Hat doch jeder einen anderen Gott, je nach seiner Vorstellung. Der Theologe gab zur Antwort: »Den Gott der Bibel.« Fein herausgeredet.

Die Cheftheologen haben daran nichts auszusetzen und das gläubige Volk nickt brav und »wissend«. In Wirklichkeit hat er nichts gesagt. In der Bibel finden wir den »einen Gott« in vielfältiger Ausfertigung, und sein persönliches, eigentliches Gottesbild hat der Theologe wohlweislich für sich behalten. Dabei konnte er nur von seinem persönlichen Gottesbild reden. Und wenn es wirklich der Gott der Bibel ist, müsste es streng genommen der sein, von dem »du dir kein Bild machen sollst!«

Ich kenne noch einen anderen Weg, das eigene Gottesbild zu relativieren und gegebenenfalls zu löschen:

☺ 2 **Bilder löschen:** Ich setze mich bequem und aufrecht hin, in einem Raum, in dem ich ungestört bin, schließe die Augen und entspanne mich. Dann rufe ich mir den Begriff »Gott« ins Bewusstsein und warte, welches Bild mir dazu kommt. Ich betrachte dieses Bild, und nach einer Weile frage ich, was hinter diesem Bild ist. Wahrscheinlich verblasst das gegenwärtige Bild und ein anderes, das sich mir in einer anderen Lebenssituation eingeprägt hat, kommt zum Vorschein. Nachdem ich auf dieses Bild lange hingeschaut habe, stelle ich mir erneut die Frage, was hinter diesem Bild ist. Diesen Vorgang wiederhole ich so lange, bis kein Bild mehr kommt. Dann schaue ich ins Leere – in die Wirklichkeit. Dieses Vorgehen lässt sich auch auf andere Begriffe, die wir nicht auf ihre Herkunft zurückverfolgen können und daher löschen wollen, anwenden.

Osho hat in seinen Reden über das Thomasevangelium eine wunderschöne Metapher über Gott dargestellt. Er vergleicht Gott mit einem Senfkorn, das in die Erde fällt und stirbt. Es keimt und daraus wächst ein großer Baum = der ganze Kosmos, uns selbst mit einbezogen.

Apropos Thomasevangelium. Mir sind einige Texte offensichtlich verschiedener Ausgaben untergekommen. Ich brauche das Thomasevangelium zu meinem Gesamtverständnis der Evangelien aber nicht. Die beiden Sätze »Suchet zuerst das Himmelreich« und »Werdet wieder Kinder« sind mir Auftrag genug. Trotzdem will ich eine Stelle erwähnen, die mir zu denken gab und gibt: Es geht um das Unkraut, das auf den Feldern wuchs und den Gutsarbeitern schwer zu schaffen machte. Da legte sich der Gutsverwalter des Nachts auf die Lauer, um dahinterzukommen, wer denn da ständig neues Unkraut streut. Der Verwalter war nicht wenig erstaunt, den Gutsherrn persönlich anzutreffen. Und es heißt dort, dass der Verwalter seine Beobachtungen für sich behalten und geschwiegen hat.

19. April 2014

Hausverstand

Während meiner Tätigkeit als Personalverantwortlicher in einem Druck- und Verlagsunternehmen war ich wiederholt mit der Frage nach den Anforderungskriterien in einem Job konfrontiert. Es stellte sich heraus, dass unter den generell geforderten Kriterien der Hausverstand einen hohen Stellenwert einnimmt. Geht es doch praktisch an jedem Arbeitsplatz darum, dass die Mitarbeiter Situationen bewältigen müssen, für die es keine Anleitung gibt, wo ihnen nur der Hausverstand hilft, weil alles andere viel zu umständlich wäre und nur unnötige Kosten verursachen würde. Ich stellte auch fest, dass es Mitarbeiter mit einfacher Lehrausbildung bis in die Direktionsetage geschafft hatten, während akademisch Gebildete mit überdurchschnittlicher Intelligenz irgendwo in einer Stabsstelle gelandet waren. Da sah ich einen unmittelbaren Zusammenhang zwischen einer handwerklichen Tätigkeit und dem Hausverstand.

Als ich dieser Verbindung weiter nachging, fiel mir auch auf, dass die Hausverstandsmenschen in ihrem Denken einfacher strukturiert waren und gerade deshalb in Fachgesprächen unmittelbarer das Wesentliche erkannten. Sie waren auch besser mit Humor ausgestattet.

Ich hatte es mir zur Gewohnheit gemacht, in einem Menschen, mit dem ich im Gespräch war, das Kind zu erkennen. Ich versuchte mir auch vorzustellen, wie sich dieser Mensch als Kind in der Sandkiste verhalten haben mag. Da sah ich in den Menschen mit Hausverstand ein lebendiges, spontanes, klares, eigenständiges Kind im Gegensatz zu den anderen, die schon in der Sandkiste stolz auf ihren größeren Bagger oder eifersüchtig auf das Spielzeug eines anderen Kindes waren.

Es geht also auch in der Qualifikation für einen Job um das Kind in uns.

Wer hier die Verbindung zu den Worten Jesu »Ich preise dich, Vater, Herr des Himmels und der Erde, dass du dies vor Weisen und Klugen verborgen, Unmündigen aber offenbart hast« *(Lk 10,21)* sehen kann, zählt wahrscheinlich zu den »Unmündigen«.

20. April 2014

Auferstehung von den Toten

Das Rolltreppensyndrom:

1. Tue nichts, wenn ein anderer schon aktiv ist.
2. Hindere andere daran, selbst aktiv zu werden, wenn es ein Dritter schon ist.

   Kommt dir das vertraut vor? Die meisten Menschen können Treppen steigen, nicht aber auf einer Rolltreppe. Die wissen wahrscheinlich gar nicht, dass man auf einer Rolltreppe genauso hinauf- bzw. hinuntergehen kann wie auf einer gewöhnlichen Treppe. Sonst würden sie sich nicht so hinstellen, dass nur ja niemand vorbeikommt. Soll sich doch einer unterstehen und selbst in Bewegung setzen, wo das doch schon die Rolltreppe tut! Wozu wäre sie denn sonst da?

Ich habe nachgeforscht, weil ich wissen wollte, wo dieses Verhalten seine Wurzeln hat. Ich wurde in der Religion fündig:

1. Denk nicht selbst, sondern halte dich strikt an das, was dir das Dogma, die »Obrigkeit«, vorschreibt. Erinnerst du dich? Du hast es geschworen, als du getauft wurdest.
2. Sollte neben dir jemand eine eigene Meinung äußern, fahr ihm über den Mund und mach ihm Angst vor der Hölle, heize ihm ordentlich ein.

Heute ist Ostersonntag. Wann ist Ostersonntag? Es ist der erste Sonntag nach dem ersten Frühlingsvollmond. Wenn wir in der Geschichte weit zurückblättern, kommen wir in eine Zeit, in der sich die Menschen am Lauf des Mondes orientiert haben. Sie hatten einen Mondkalender. (Davon leitet sich auch die Bezeichnung Monat ab.) Der Neumond bedeutete einen neuen Monat. Und der Vollmond wurde als Sonntag gefeiert: Der erste Frühlingsvollmond war zugleich der erste Sonntag im Frühling!

Ich wünsche dir – und mir – eine fröhliche Auferstehung von den Toten und ein bewusstes Erwachen!

21. April 2014

Spieglein, Spieglein

Wir spiegeln uns in unseren Mitmenschen und sie spiegeln sich in uns. Wir können uns also in den anderen sehen – wenn wir wollen.

»Was siehst du den Splitter im Auge deines Bruders, doch den Balken in deinem Auge nimmst du nicht wahr? Oder wie kannst du zu deinem Bruder sagen: Lass mich den Splitter aus deinem Auge herausziehen!, und dabei steht ein Balken in deinem Auge? Du Heuchler, zieh zuerst den Balken aus deinem Auge. Dann magst du sehen, wie du den Splitter aus dem Auge deines Bruders herausziehst.« *(Mt 7,3–5)*

Alles, was uns bei einer anderen Person auffällt, hat mit uns zu tun. Wieso kann ich das behaupten? Ganz einfach. Wenn es mit uns nichts zu tun hätte, gingen wir nicht in Resonanz mit diesem Anteil der anderen Person. Auf dieser Grundlage beruhen die Sympathie einerseits und die Antipathie andererseits. Wenn jemand sagt, ihm sei niemand unsympathisch, hat er entweder etwas verdrängt oder schon alles aufgelöst. Dann gibt es aber auch keine Sympathien mehr.

Nachdem ich einige Male damit konfrontiert worden war, dass mich meine kritische Meinung über andere genauso betrifft, habe ich mich diesbezüglich nicht nur zurückgenommen, ich habe es mir zur Gewohnheit gemacht, wenn sich in mir ein derartiges Urteil regt, in mir selbst nachzuprüfen. Ich werde jedes Mal fündig!

Wenn mein Urteil hartnäckig ist und mich nicht in Ruhe lässt, mache ich eine Übung:

☺ **3 Vorurteile auflösen:** Ich sorge, dass ich ungestört bin, setze mich bequem aufrecht hin, schließe die Augen und entspanne mich. (Dazu genügt es, einige sanfte Atemzüge zu machen und die Aufmerksamkeit auf meinen Körper zu richten, ihn vom Scheitel bis zur Sohle zu entspannen.)

In der ersten Phase vergegenwärtige ich mir mein Urteil möglichst mit dem Satz: »Du bist ...« (mit dem entsprechenden Eigenschaftswort) und lasse diesen Satz auf mich wirken, sodass ich ihn im ganzen Körper spüre. Der Satz durchflutet mich regelrecht, während ich mehrere sanfte Atemzüge nehme.

Dann folgt die zweite Phase: Ich drehe den Satz einfach um und sage mir: »Ich bin ...« (das gleiche Eigenschaftswort) und lasse diesen Satz auf mich wirken. Wahrscheinlich werde ich nach einiger Zeit fündig und stelle fest, dass der Satz etwas mit mir zu tun hat. Möglicherweise aber lasse ich diesen Satz, bezogen auf mich, nur eingeschränkt gelten: »Ja, vielleicht ein bisschen, aber nicht der Rede wert.« Nun nehme ich diese Einschränkungen heraus und lasse den Satz voll und ganz auf mich wirken.

Jetzt lenke ich, während ich diesen Satz auf mich bezogen wiederhole, meine Aufmerksamkeit auf meinen Körper: Wo spüre ich etwas, ein sanftes Ziehen, ein minimales Stechen, einen leichten Druck? Wo führt mich meine Aufmerksamkeit hin? Ich lege meine Hände dorthin, immer noch den Satz wiederholend, und spüre in mich hinein.

Dann erweitere ich den Satz: »Ich bin ... und das darf so sein« und lasse diesen gesamten Satz auf mich wirken, spüre weiter in mich hinein, während die Hände an den Körperstellen bleiben.

Nun gehe ich noch einen Schritt weiter und füge dem

Satz noch etwas hinzu: »Ich bin ... und das darf so sein und es darf mehr und mehr werden.« Während ich diesen Satz wiederhole, löse ich meine Hände vom Körper und beginne sie langsam auszubreiten, weiterhin leicht und entspannt atmend.

Indem ich in dieser entspannten Haltung die Arme langsam ausbreite, ergänze ich nochmals, sodass der ganze Satz jetzt lautet: »Ich bin ... und das darf so sein und es darf mehr und mehr werden und den ganzen Raum ausfüllen.« Während ich diesen Satz langsam in mir sage, haben sich meine Hände bzw. Arme ganz ausgebreitet.

Wenn ich mit meiner Aufmerksamkeit allmählich wieder in diesen Raum komme und die Augen öffne, stelle ich mir die Frage nach der Veränderung. Sie hat sich eingestellt, manchmal so, dass aus dem negativ behafteten Eigenschaftswort ein positiv zu interpretierendes geworden ist.

Auf einer Münze steht: »Was ich ablehne«. Wenn ich die Münze umdrehe, steht da: »Womit ich mich identifiziere«. Genauso wie meine Ablehnungen verstellen mir auch meine Identifizierungen den Blick in die Wirklichkeit. Erinnern wir uns: Ein Kind in seinem ursprünglichen Sein lehnt nichts ab und ist mit nichts identifiziert. Woher auch? Es hat ja noch keine Beziehung zu irgend- etwas. Es kennt noch keine Wertungen, keine Unterscheidung von Gut und Böse, von Richtig und Falsch. Es stellt noch nichts mit etwas anderem in Beziehung. Alles ist, wie es ist.

Wenn wir frei und eigenständig werden wollen, müssen wir alle Wertungen hinter uns lassen, auch die positiven, unsere Identifizierungen. Ich weiß noch, wie ich mich mit etwa fünf Jahren abwechselnd mit etwas identifiziert habe: Da kam der Rauchfangkehrer, und schon war mein Berufsziel Rauchfangkehrer. Da waren wir beim Bäcker Brot einkaufen, und mein Berufsziel war Bäcker. Da war mein Onkel, der ein havariertes Auto wieder in Gang setzte, und ich wollte Mechaniker werden. So ging es dahin, jeden Tag eine neue Identifizierung. Da war ich noch Kind, und mit jeder neuen Identifizierung war die vorherige vergessen, aufgelöst. (Später erinnern wir uns vielleicht daran und machen uns Vorhaltungen, dass wir diese Identifizierung nicht gelebt haben.)

Irgendwann bleiben uns die Identifizierungen haften. Sie sind Teil eines Traumes, den wir uns erfüllen wollen. Dann kaufen wir uns das Traumauto oder die Traumfrau oder ergreifen unseren Traumberuf. Warum auch nicht? Es kann die Erfüllung sein und uns glücklich machen.

Meine Erfahrung geht in eine andere Richtung. Es ist unsere große Chance, wenn der Traum nicht in Erfüllung geht, wenn wir mit der Traumfrau nicht glücklich werden, wenn der Traumberuf eine herbe Enttäuschung wird. Warum? Weil wir dann aus einem Traum aufwachen. Wir sind ent-täuscht – befreit von einer Täuschung. Es ist hilfreich, wenn wir uns unsere Identifizierungen bewusst machen. Wenn wir damit ähnlich wie mit den Urteilen verfahren, können wir erkennen, woher sie kommt. Dann können wir bewusst entscheiden, ob wir dieser Anhaftung folgen oder uns von ihr verabschieden wollen. Alleine das Bewusstwerden löst die Identifizierung auf.

22. April 2014

Loslassen

Wenn wir unser Kind-Sein wiedererlangen wollen, müssen wir alles loslassen, was sich in unserem Leben angesammelt hat. Das bedeutet eine Menge Arbeit.

Irgendwann zwingt jeden von uns das Schicksal, loszulassen. Wir müssen auch loslassen, wenn uns ein Mensch verlässt, der uns nahegestanden ist. Sei es, dass dieser Mensch stirbt oder sich von uns trennt. Für mich war die Trennung von meiner Partnerin ein längerer Prozess, weil die Trennung nicht in mein Weltbild gepasst hat. Ich musste mich von meinem Weltbild einer unauflöslichen Partnerschaft trennen.

Einmal müssen wir das Leben hier loslassen. Es scheint paradox: Wenn wir uns auf das Loslassen des Lebens einstellen, werden wir wieder Kinder, Kinder in ihrer spontanen, ursprünglichen Lebendigkeit!

☺ Loslassen beginnt bei den alltäglichen Dingen:

An welchen Gegenständen hänge ich, hängt mein Herz?

Was ist mir besonders wichtig?

An welchen Wünschen hänge ich? – Jemand hat einmal dies als die zwei »schrecklichsten« Dinge im Leben genannt: 1. die Nichterfüllung des Herzenswunsches, 2. die Erfüllung des Herzenswunsches.

Was macht mein Weltbild aus?

Welche sind meine Vorlieben – was lehne ich ab?

Was finde ich richtig – was finde ich falsch?

Welche Vorstellungen habe ich vom »Jenseits«?

Wer ist mir sympathisch – wer ist mir unsympathisch?

Welche sind meine schönsten Erinnerungen?

Welche sind meine schlimmsten Erinnerungen? – Friede tritt ein, wenn wir die Vergangenheit in sich ruhen lassen können, mag sie noch so schrecklich gewesen sein – sie ist gewesen.

Welche Erwartungen habe ich an die Zukunft?

Welche Befürchtungen habe ich in Bezug auf die Zukunft?

Wovor habe ich Angst?

23. April 2014

Ordnung im System

Gestern bin ich einer Frau begegnet. Ihr Familiensystem war in Unordnung. Daher fand sie keine brauchbare Lösung in ihrer Situation. Da wurde ich aufmerksam.

Wir werden in eine Familie hineingeboren, egal ob wir mit Eltern und Geschwistern aufwachsen oder als Einzelkind einer alleinerziehenden Mutter. Es gibt für jeden von uns Vater und Mutter, Großeltern, Urgroßeltern usw. Viele von uns haben Geschwister oder Halbgeschwister, und sehr wahrscheinlich hat jeder von uns Tanten, Onkeln, Großtanten, Großonkeln usw. Sie alle bilden ein System. Dazu gehören auch noch Personen, die zumindest einige Zeit für jemanden in der Familie bedeutend waren, zum Beispiel in einer früheren Beziehung.

Dieses Familiensystem prägt sich uns in einer bestimmten Form ein. Es ist dies nicht die alles umfassende, objektiv nachvollziehbare Struktur des Systems, sondern eine spezifische, so wie sie sich uns in konkreten Ereignissen, aber auch durch unbewusste Vermittlung eingeprägt hat. Es geht also um unser eigenes inneres Bild von dem System, das für jedes Mitglied ein anderes sein kann und sehr wahrscheinlich ist. So kann ein sogenanntes »schwarzes Schaf« just dann auf uns eine besondere Wirkung haben, wenn wir als einziger nie etwas von der Existenz dieses Außenseiters erfahren haben. Alle anderen, die von seiner Existenz Kenntnis haben, vermitteln uns durch ihr schlüssiges, aber verborgenes Verhalten ein Abbild dieser Person, das sich uns ebenso verborgen einprägt.

Es gibt nun sogenannte Systemgesetze, die allgemein gültig sind. Das ist zuallererst die Vollzähligkeit. Jede Person, die mit dem System direkt zu tun hat, sei es, durch Blutsbande oder verwandtschaftliche Beziehungen, eine vorübergehende Partnerschaft oder durch einen Nutzen, den das System aus einer Person zieht oder gezogen hat, gehört dazu. Wenn nur eine dieser Personen ausgeklammert, übergangen oder totgeschwiegen wird, gerät das System in Unordnung. Die Unordnung betrifft jeden im System, der diese Vollzähligkeit ignoriert, und einen oder mehrere nach ihm Geborene. Für mich bedeutet, das Familiensystem in Ordnung zu bringen, dass ich jede Person achte, die in der oben beschriebenen Weise dazugehört. Ich gebe dieser Person einen Platz in meinem Herzen.

Das zweite, ebenso bedeutende Gesetz betrifft den Vorrang des Früheren. Das sind die Eltern vor den Kindern, das ist unter den Geschwistern, der Ältere vor dem Jüngeren, und das ist bei einem Partnerwechsel der Frühere vor dem Späteren. Gerade aus diesem letzten Punkt wird ersichtlich, wie wichtig es ist, den früheren Partner zu würdigen, wenn eine folgende Partnerschaft gelingen soll. Das Würdigen ist eine innere Haltung und spielt sich im Herzen ab.

Zur Achtung des Früheren gehört auch, dass man ihm sein Schicksal lässt und sich nicht einmischt. Die Nichteinmischung verlangt auch, dass wir uns jeder Kritik enthalten und alles, was eine frühere Person Schlimmes getan hat oder ihr widerfahren ist, kommentarlos bei ihr lassen. Jedes andere Verhalten wirft einen Schatten auf uns, der schlimme Folgen für uns und unsere Angehörigen haben kann und sehr wahrscheinlich haben wird.

Sein eigenes Familiensystem in Ordnung zu bringen heißt also, zuallererst die Vollzähligkeit im Bewusstsein haben.

Wir geben jeder Person im System ihren Platz, auch den Ungeborenen, den Totgeborenen, den Abgetriebenen und auch den Mördern und Verbrechern. Ich bin in einer Familie aufgewachsen, die sehr offen mit den einzelnen Schicksalen umgegangen ist. Das heißt nicht, dass alles offenlag, denn manches geriet im Lauf der Zeit in Vergessenheit. Für mich ging es auch darum, eine Person zu würdigen, die mehrere Generationen vor mir gelebt hatte und von deren Existenz niemand unter den Lebenden auch nur eine Ahnung hatte. Die Nichtachtung dieser Person, die über all die Generationen negiert worden war, hatte gravierende Herzprobleme bei meinen unmittelbaren Vorfahren zur Folge. In einer Familienaufstellung hat sich das gezeigt, und als der Schatten aufgelöst war, hat sich einiges zum Guten gewandelt.

Die Rangordnung nicht einzuhalten, führt zu Zwistigkeiten und Streit, ja zu endlosen und schier unheilbaren Zerwürfnissen. Ich habe gesehen, dass sich Konflikte zuspitzten, nur weil ich meinen älteren Bruder als den Früheren ignoriert hatte. Ich habe nur meine innere Haltung geändert, ohne ein Wort, und siehe, der Konflikt löste sich in kurzer Zeit. Auch wenn das äußerlich nicht besonders dramatisch war, für mich war es ein entscheidender Schritt.

Wenn ich mit anderen Menschen in Kontakt komme und deren schlimmes Schicksal erfahre, so fällt mir oft auf, dass in deren System eine oder mehrere Personen verschwiegen werden. Sie wirken auf mich nicht offen, auffallend verschlossen.

Die Einsichten in die systemischen Ordnungen verdanken wir den Erkenntnissen aus dem Familienstellen, das in der Folge zur Systemaufstellung erweitert wurde. Der Name

Bert Hellinger steht damit unmittelbar in Verbindung. Er hat sich um die Entwicklung, die Anwendung und Verbreitung dieses Werkzeuges sehr verdient gemacht. Daran änderten auch die kritischen Stimmen nichts, die inzwischen wieder weitgehend verstummt sind. Es ermöglicht tiefere Einblicke in Zusammenhänge, nicht nur in der Familie, sondern auch in Unternehmen, in Vereinen sowie in alle anderen gesellschaftlichen Systeme und noch mehr.

Für die Erweiterung zur Systemaufstellung hat sich insbesondere Matthias Varga von Kibéd sehr engagiert. Ihm verdanke ich ebenfalls wertvolle Anregungen. Seine Tetralemma-Aufstellung (das Di(2)lemma wird zum Tetra(4)lemma erweitert und ermöglicht vielfältige neue Einsichten und Lösungen) liebe ich ganz besonders.

24. April 2014

Trunkenheit – vom rechten Beten

Wir kennen die Geschichte vom Pawlow'schen Hund, dem so lange ein Klingelzeichen vor der Fütterung gegeben wurde, bis er es für die Fütterung hielt. Dann hat man ihm vor dem Klingelzeichen ein Lichtzeichen gegeben, bis er das Lichtzeichen für das Klingelzeichen und damit für die Fütterung hielt. Futter hatte es schon lange keines mehr gegeben. Hurra! Der Hund hat dazugelernt. Falsch! Er ist ein armer Hund. Ihm wurde ein Stück Freiheit genommen.

Milton Erickson, ein hervorragender Hypnotherapeut, wurde einmal gefragt, ob jeder Mensch hypnotisierbar sei. Erickson gab zur Antwort, dass zumindest jeder sozialisierte Mensch hypnotisierbar sei, weil er durch die Sozialisation bereits hypnotisiert ist.

Eine der wichtigsten und folgenschwersten, aber auch aufschlussreichsten Ausbildungen war für mich die Hypnotherapie nach Milton H. Erickson. Nicht weil ich jetzt Menschen in Hypnose versetzen kann, sondern weil ich weiß, wie Hypnose funktioniert und wie sehr sie uns ständig im Alltag begleitet.

Das griechische Wort »Hypnos« heißt Schlaf. Im Schlaf wissen wir nicht, dass wir schlafen. Erst während des Aufwachens und wenn wir wieder wach sind, wissen wir, dass wir geschlafen haben. Nun machen wir auch die Erfahrung, dass wir verschiedene Wachzustände annehmen können. Wir können hellwach sein, wir können tagträumen, wir können in Trance oder in Tiefschlaf fallen, wir können innerhalb der Trance eine höhere oder eine geringere Aufmerksamkeit feststellen. Aber auch in der Trance erkennen wir unseren Zustand nicht. Erst wenn wir wieder aus der Trance herauskommen, wissen wir es rückblickend. Wir kennen unseren jeweiligen Wachzustand nur, wenn wir hellwach sind, wenn wir uns unseres Wachseins bewusst sind. Den reduzierten Wachzustand erkennen wir nur hinterher, wenn wir in einen wacheren Zustand kommen. Wenn wir aufwachen, wissen wir, dass wir geschlafen haben. Vorher nicht.

Wie fallen wir in Trance oder in einen niedrigeren Wachzustand? Durch Gewohnheiten und Routinen. Wie kommen wir heraus? Durch Unterbrechung dieser Routinen. Unsere Verhaltensmuster sind Zeichen niedrigeren Wachzustandes. Wir können also ☺ durch Unterbrechen der Gewohnheitsmuster in einen wacheren Zustand kommen. Die freie Natur kennt keine Gewohnheiten und Routinen. Die gleiche Jahreszeit ist jedes Jahr anders. Wir versuchen zwar, das Wetter vorherzusagen, aber die Wirklichkeit ist anders. Jeder Baum, jeder Strauch, jede Blume, jedes Tier, jeder Grashalm ist anders. Jeder Tag ist anders, ist neu. Wenn wir uns in der freien Natur bewegen, werden wir wacher. Aber: nicht immer den gleichen Spaziergang! Und: mit offenen Augen, mit offenen Ohren und mit unserer gesamten Gefühlswahrnehmung. ☺ Wenn wir mit dieser Achtsamkeit in die freie Natur gehen, kommen wir mehr ins Hier und Jetzt, finden wir zu uns selbst. Dort können wir abschalten. Was können wir abschalten? Unser gewohntes, alltägliches Denken. Unser Kopf wird wieder frei.

Die Erfahrung der Hypnose zeigt mir auch, wie sehr wir uns in der Gesellschaft ständig in den gleichen Bahnen bewegen, wie wir durch fremde Botschaften beeinflussbar und manipulierbar sind und wie jene, die uns manipulieren, sich selbst in ein und demselben Fahrwasser bewegen. Ein selbststeuerndes Regulativ, das nichts dazulernt. Ein geschlossener Regelkreis.

Die Institutionen, die uns das besonders vorleben, sind die Religionen. Mit ihren Ritualen, Festen, Zeremonien und Verhaltensvorgaben machen sie aus uns blinde Schafe. Und wenn wir genau hinsehen: Sie sind selbst durch diese Schule gegangen, sind blinde Schafe geworden, ehe sie ausersehen wurden, diesen Einfluss auszuüben. Sie unterliegen einem selbststeuernden Selektionsmechanismus. Auch hier werden Blinde von Blinden geführt. Je blinder, desto Chef! Es genügt meistens, dass wir uns nur für kurze Zeit außerhalb des Systems begeben, um dieses Spiel zu durchschauen. Drinnen sehen wir es nicht.

Nachdem ich einige Jahre außerhalb des Elternhauses gelebt, an einer Universität studiert, mich im gesellschaftlichen Umgang einigermaßen geübt und eine gewisse Selbständigkeit erlangt hatte, trat ich in ein Kloster ein und lebte dort vier Jahre. Ich war nicht wenig erstaunt, als ich nach diesen vier Jahren erkennen musste, dass meine Selbstständigkeit und meine Wahrnehmung im gesellschaftlichen Umgang abgestumpft waren. Ich war ja in diesen Klosterjahren rundum versorgt gewesen. Ich musste mir keine Gedanken um mein Fortkommen machen. Ich musste mich um nichts kümmern. Ich konzentrierte mich auf das Chorgebet und das Studium der Schriften und der Theologie. Was hat sich doch Jesus Mühe gegeben, seine Jünger und alle, die ihn gehört haben, zum Aufwachen zu bewegen! Die Szene am Ölberg, wo die Jünger schlaftrunken waren, ist nur eine von mehreren. Es ist wie Trunkenheit, ständig in ein und demselben Trott zu leben.

Auch ein Adolf Hitler hat auf die Massen so lange eingeredet, bis sie ihm geglaubt haben, mit Ausnahme einer kleinen Minderheit.

Ein Freund hat mir von einer Erfahrung erzählt, die ihn aufgeweckt hat, und das auf nicht alltägliche Art: Er war mit einer Bekannten in einem Gasthaus. Sie hatten beide schon einige Gläser Wein getrunken, als ihm die Frau vorschlug, in diesem angeheiterten Zustand in die nahe gelegene Kirche zu gehen. Er fand den Vorschlag herausfordernd, und so gingen sie hin. In der Kirche wurde eben eine Messe gelesen. Sie gingen in eine Seitenkapelle, wo sie ungestört waren und auch ihrerseits niemanden störten. Dort hörte mein Freund die Gebete des Priesters. Aber unter dem Alkoholeinfluss war er auf eigenartige Weise hellwach. Die Worte des Priesters kamen wie aus weiter Ferne an sein Ohr. Er dachte: Was plappert dieser Mann für einen Unsinn! Das sind doch alles hohle Worte, ohne innere Anteilnahme heruntergeleiert. Der Alkohol hatte bewirkt, dass er die Worte wie ein Fremder, wie einer, der aus einer anderen Welt kommt, gehört hat. In dieser Situation wurde ihm einiges klar. Das Geplapper dieses Priesters hat es ihm knallhart bewusst gemacht. Diese herzlos dahergesagten Texte berührten sein Ohr schmerzlich. Ein anderer Freund hatte einmal gesagt: »Erst wenn du auf etwas unscharf hinschaust, siehst du das Ganze, weil du dich nicht von den Details ablenken lässt.« Der Alkohol hatte dem Ohr dieses Kirchenbesuchers seine Schärfe genommen, sodass ihn Einzelheiten nicht mehr ablenkten und er mit einem Male das Gesamte erfassen konnte. Paradoxerweise war es nun hier der Sacerdos, der so lallte. Haben ihn zwei Jahre Noviziat, vier Jahre Philosophie- und weitere vier Jahre Theologiestudium derart trunken gemacht? Es ist Papst Johannes XXIII. zu danken, der das Zweite Vatikanische Konzil einberufen hat. Er hat die deutsche Sprache in den Messen gesellschaftsfähig gemacht. Sonst wäre meinem Freund das Geplapper vielleicht nicht aufgefallen.

Weil wir schon beim Thema Messe sind: Eine besondere Gelegenheit zu »plappern wie die Heiden« sind in der christlichen Liturgie die Fürbitten. Nicht nur dienen sie dazu, die Entmündigung der Christen zu festigen – »Lieber Gott, mach doch bitte du, damit ich ...« –, sie sind auch eine begehrte Gelegenheit für besonders Fromme, sich an ihren eigenen Formulierungen zu ergötzen. Beten wird zum Betteln und zur Selbstdarstellung.

Richtiges Beten vollzieht sich ohne Worte. Stille Andacht. Dort finden wir zur Ehrfurcht vor dem Allerhöchsten: »Du aber, wenn du betest, geh in deine Kammer und schliesse deine Tür zu und bete zu deinem Vater, der im Verborgenen ist. Dein Vater, der ins Verborgene sieht, wird dir vergelten.« *(Mt 6,6)*

Ich erinnere mich gerne an meine Wanderung mit Freunden auf dem spanischen Jakobsweg von Südfrankreich nach Santiago de Compostella vor mehr als zehn Jahren. Dieser Weg führt an mehreren alten Kirchen, meist romanischen Baustils, vorbei. Wir nahmen jeweils die Gelegenheit für einen kurzen Besuch wahr. Zeit für eine stille Andacht in diesem leeren Raum. Bereichert setzten wir unsere Pilgerfahrt fort.

Das einzige Gebet ist Dankbarkeit.

25. April 2014

Achtsamkeit

Unser Leben ist so zur Routine geworden, dass es uns nicht mehr auffällt. Das hat viele Vorteile. Wir müssen bei unseren alltäglichen Handlungen nicht mehr lange nachdenken und Schritt für Schritt neu überlegen. Sie sind zur Gewohnheit geworden. Diese Gewohnheit wird aber zur Falle, wo ein Überdenken angesagt wäre. Gewohnheit auf Kosten der Eigenständigkeit. Gewohnheit führt zur Verantwortungslosigkeit.

Wie gewinnen wir unsere Achtsamkeit wieder? Wir gebrauchen unsere Sinne: sehen, hören, spüren. Das gelingt mir am besten, wenn ich in eine ungewohnte, für mich neue Umgebung komme. Besonders geeignet ist der Aufenthalt in der freien Natur. Bei den Kelten dauerte die Druidenausbildung mindestens zwanzig Jahre, mindestens deshalb, weil diese Ausbildung in Wirklichkeit nie zu Ende war. In den ersten sieben dieser zwanzig Jahre, also einem Drittel der Standardausbildungszeit, war es die Hauptaufgabe des Druidenschülers, sich in der freien Natur aufzuhalten. Als ich mich im Rahmen eines Kurses bei einem Druiden im Raume Niederösterreich zwei Wochen stets in der freien Natur aufgehalten und meist, wenn es die Wetterlage zuließ, unter freiem Himmel geschlafen habe, hat sich meine Wahrnehmung enorm gesteigert. Nach einem Aufenthalt in Island, wo ich zwei Monate mit dem Zelt unterwegs gewesen war, stellte ich ganz subtil deutliche Veränderungen an mir fest. Sie bedeuteten im Wesentlichen eine offenere, wertfreiere

Sichtweise. Die gleichen Texte in einem Buch las und verstand ich auf einmal ganz anders, und wenn es sich um einen geistig anspruchsvollen Text handelte, erkannte ich nun die tiefere Bedeutung.

Unsere Sinne bedürfen auch der Heilung. Unsere Sinneswahrnehmung ist beeinträchtigt, wenn wir – insbesondere in unserer Kindheit – etwas mit ansehen oder mithören mussten, was wir nicht nachvollziehen konnten oder gar seelisch nicht verkraftet haben. Wir können dann nicht wirklich hinsehen oder hinhören. Diese Störung kann bis zum vollständigen Abschalten dieses Sinnes – beim Auge bis zum Erblinden – führen. Auch unsere Schulbildung hält uns vom aufmerksamen Hinhören ab. Warum? Weil wir uns in der Schule beweisen müssen. Mir fällt wiederholt auf, dass Menschen in Gesprächen den anderen gar nicht ausreden lassen. Mein Eindruck ist der, dass sie zeigen wollen, dass sie von dem Thema auch etwas verstehen. Das Wesentliche überhören sie dabei. Sie nehmen gar nicht auf, was der Gesprächspartner sagt. Ein weiterer Grund für mangelndes Hinhören sind nicht aufgelöste Themen. Unser Gesprächspartner sagt etwas, spricht ein Thema an, das uns anderweitig betrifft, und schon sind wir mit unseren eigenen Gedanken beschäftigt.

Unsere Sinne wollen trainiert werden – am idealsten in der freien Natur. Und unsere Sinne wollen freigelegt werden. Wir müssen uns von unseren Altlasten befreien. Ich habe dazu mehrere Wege beschritten. Die habe ich allerdings nicht von Anfang an gesucht. Der Auslöser war rein berufliches Interesse. Ich wollte zur Transaktionsanalyse, die ich aus Büchern kannte, für die Anwendung in meinen Kursen praktische Erfahrungen sammeln. Ein Freund gab mir die Adresse von Bert Hellinger. Hellinger war damals noch nicht so bekannt, doch war er schon zumindest für ein Jahr ausgebucht. Die weiteren Entwicklungsschritte lassen sich alle von der ersten Begegnung im Kurs über Skriptanalyse nachvollziehen. (Die Skriptanalyse leitet sich von Skript = Drehbuch ab und bezieht sich auf das Lebensdrehbuch, das sich aus unseren ersten Lebenseindrücken im Alter von 0 bis 5 Jahren bildet. Hernach leben wir dieses Drehbuch unbewusst. In der Skriptanalyse wurde es aufgedeckt, bewusst gemacht).

Atemarbeit
Bioenergetik
Hypnotherapie
Provokative Gesprächstherapie
Tiefengewebsmassage
Cranial Fluid Dynamics
Familienstellen und Systemaufstellungen
Meditation

26. April 2014

Religiosität

Religiosität ist Kindersache. Religiosität ist Hingabe. Religiosität ist Urvertrauen. Religiosität ist Achtsamkeit. Religiosität ist Achtung. Religiosität ist Ehrfurcht. Religiosität ist Einfach-da-Sein.

Leben ist ein religiöser Vollzug:
Eine Blume in der Wiese still betrachten.
Einem behinderten Menschen behilflich sein.
Müll ordnungsgerecht entsorgen.

In der Kirche wurde mir diese Haltung genommen. In der Kirche lernte ich das Schauspiel. Viele gute Schauspieler waren in ihrer Schulzeit in einem Klosterinternat, ebenso viele Politiker. Schauspiel ist ein Fassadenspiel. Was hinter den Kulissen passiert, geht niemand was an!

In Island habe ich etwas Interessantes beobachtet. Die Isländer sind nach außen hin kühl und reserviert. Mit einem bin ich ins Gespräch gekommen. Er umschrieb die Haltung der Isländer mit folgendem Satz: »At home you can do whatever you want, but don't tell anybody!« Woher kommt das? Island war zu Beginn seiner Besiedelung noch in den Naturreligionen mit dem Glauben an Feen und Gnome verhaftet. Die norwegische Herrschaft machte aber die Annahme des katholischen Glaubens zur Bedingung für Handelsbeziehungen. Unter diesem wirtschaftlichen Druck haben die Isländer in einer Abstimmung den formalen Beschluss gefasst, der katholischen Kirche beizutreten. In ihren Herzen blieben sie bei ihrer alten Weltanschauung. Daran hat auch der Übertritt zur protestantischen Kirche mit dem Herrschaftswechsel zu Dänemark nichts geändert, bis heute.

Religion kommt aus den Köpfen, daher ist sie eine Droge.
Religiosität ist Herzenssache.
Je weiter wir uns vom Kind-Sein entfernen,
umso größer wird unser Verlangen nach Religion.

27. April 2014

Werde wieder Kind!

Warum wieder Kind werden? Kind-Sein ist uns abhanden gekommen, ehe wir erwachsen wurden. Es ist aber die Voraussetzung, damit wir erwachsen werden können. Nur wenn wir frei und unbekümmert sind, sehen wir die Welt, wie sie wirklich ist. Nur dann können wir unsere eigenen Erfahrungen machen, uns unsere eigenen Urteile bilden und in unsere eigene Verantwortung eintreten.

Da ist zunächst die Vorbildwirkung: »Erwachsene« ticken anders. Willst du erwachsen werden, musst du genau so (ver-rückt) ticken wie sie. Aber in Wirklichkeit sind diese Erwachsenen nie erwachsen geworden. Sie sind nicht mehr authentisch, nicht mehr spontan, nicht mehr neugierig, nicht mehr begeisterungsfähig, nicht mehr beweglich, nicht mehr freudigen Herzens, nicht mehr klar und eindeutig, sehen die bunte Vielfalt nicht mehr. Alles ist entweder schwarz oder weiß, gut oder schlecht, richtig oder falsch. Viele sind sich ihrer Verantwortung nicht bewusst, haben sie irgendwo abgegeben: an ihren Partner, an die Gesellschaft, an ihre Religion. Es beginnt in der Erziehung mit der Vermittlung von »Werten«: Buben weinen nicht. Mädchen machen einen freundlichen Knicks, »Gib die *schöne* Hand!« – getragen von den Vor-Bildern der Erziehungsberechtigten. Auch wenn sich die Inhalte dieser Vermittlung wandeln, das Prinzip bleibt dasselbe.

Zu allem Überfluss haben wir Schmerzen unterdrückt und gespeichert. Unser Gefühlsausdruck wird statisch. Wir haben unsere natürliche Lebendigkeit eingebüßt. Unser Verhalten ist rigide geworden.

Wie erlangen wir unser Kind-Sein wieder?

Da ist zunächst die Erinnerung. Glücklich ist der Mensch, der sich an Situationen erinnern kann, in denen seine unbekümmerte Natürlichkeit noch lebendig war. Diese Erinnerungen gilt es wachzu rufen. Da sind natürlich zwei Seiten: die Erinnerung an das sorglose Kind in seiner Seligkeit einerseits und die schmerzhaften Erinnerungen andererseits. Entscheidend ist es, dass wir zunächst Situationen unserer sorglosen Kindheit ins Bewusstsein holen und in uns verankern. Wie funktioniert das? Wir bringen diese Erinnerung in Zusammenhang mit einer Handlung, die uns jetzt wohl tut. Ich habe das beispielsweise einige Zeit gerne so gemacht, dass ich – nicht nur im Sommer – ein Eis essen ging. Als Kind hätte ich des Öfteren so gerne ein Eis gegessen.

Wenn wir dieses ursprüngliche Kind in uns verankert haben, können wir von dieser sicheren Basis aus auf die schmerzhaften Erinnerungen schauen. Im Zweifelsfall ist dazu eine professionelle Begleitung unabdingbar. Eine professionelle Begleitung bedeutet nicht unbedingt eine akademisch gebildete Person. Es sollte eine Person sein, die weiß, wie Hilfe zu leisten ist: im Wesentlichen durch einfühlsame, stille Anwesenheit. Diese Person sollte auf jeden Fall ihre eigenen Schmerz-Erinnerungen gelöst haben, sonst spuken diese drein und bewirken nichts Gutes.

☺ 4 **So tun, als ob:** Eine weitere Möglichkeit ist, so zu tun, als ob. Das ist sowieso die eleganteste – und sehr effizient. Wir stellen uns vor, wir seien ein spontanes, authentisches, unbekümmertes, wertfreies, sorgloses Kind. Irgendwann leben wir es – und es macht Spaß.

Schließlich geht es darum, alles auszuräumen, wodurch unser Kind-Sein unterdrückt wurde. Da sind die Verhaltensregeln, die uns einfach vorgesetzt wurden. Da sind die verständnislosen Einschränkungen. Da sind die falschen Beruhigungen, wenn wir ein Problem hatten. Da sind die mangelnden Zuwendungen, die wir uns durch »Ungehorsam«, durch Verletzungen oder auf dem Umweg einer Krankheit erkaufen mussten. Da sind die »Vorbilder«, die uns zeigen, wie man Schmerz unterdrückt. Die Liste ist endlos.

Wo soll ich anfangen? Priorität hat nicht das Ausräumen. Es geht ausschließlich um unsere Befindlichkeit hier und jetzt. Ich setze dort an, wo mich jetzt der Schuh drückt, wo ich jetzt anstehe, und spüre die Ursache auf. Die Antwort finde ich in meiner Lebensgeschichte. Meist genügt es dann, diese Schlüsselsituation aus der Vergangenheit heute anzuschauen. Ich sehe ruhig und entspannt auf die Situation hin, wie sie war – und der Knoten löst sich. Das ist die neue Version, den »Gordischen Knoten« zu lösen. Ursprünglich wollte jemand den Knoten Faden für Faden auflösen. Das hatte weitere Verstrickungen zur Folge. Dann kam einer und löste den Knoten mit seinem Schwert durch einen Hieb. Das war ein neuer Weg. Aber es war keine wirkliche Lösung. Die Wunden waren nicht verheilt und es blieben Narben zurück. Wenn ich auf den Knoten absichtslos hinschaue, so wie ich ein Bild oder eine Blume betrachte, löst er sich von selbst, schmerzfrei und ohne Narben zu hinterlassen.

Wir können diesen Verlauf beobachten: Ein Kind fühlt sich von einem Hund bedroht. Es hat Angst und beginnt heftig zu weinen. Die Mutter nimmt das Kind auf den Arm und wartet, bis es sich beruhigt hat. Dann sieht das Kind aus einer anderen Perspektive auf den Hund und kann in der nun entspannten und geborgenen Situation seine Angst loslassen.

Das ist das Vorgehen: ☺ Wir entspannen uns und finden uns in uns selbst geborgen. Aus dieser Position schauen wir auf die alte Geschichte, bis sie verblasst ist. Wenn wir uns dankbar dafür zeigen, dass wir die damalige Situation so gut überstanden haben, sind wir endgültig erlöst. So einfach kann ein Trauma aufgelöst werden, das uns all die Jahre begleitet hat.

Dieser Lösungsweg ist anfangs nicht ganz so einfach, wie er aussieht, und ohne Hilfe Dritter auf Anhieb nicht zu schaffen.

Ich durfte mehrfach Hilfe in Anspruch nehmen. Es waren vor allem zwei methodische Unterstützungen, die mir sehr geholfen haben, mich von alten Lasten zu befreien. Das holotrope Atmen und die Bioenergetik.

Beim holotropen Atmen begeben wir uns, begleitet von einem Therapeuten, in eine intensive Atemsitzung. Auf einer Decke liegend atmen wir so intensiv – schnell und tief – wie möglich, und das für etwa eine Stunde. Dabei treten Hyperventilationen auf. Das zeigt sich in Verspannungen und Muskelkrämpfen, die heftig sind. Mit Unterstützung durch die fachkundige Begleitung bleiben wir so lange dran, bis sich die Krämpfe lösen. Da heißt es also hindurchzugehen. Hinterher wissen wir selbst, wo diese Verspannungen herrühren. Bei meiner ersten Erfahrung dieser Art verkrampften sich beide Unterarme sowie die gesamte Kiefermuskulatur extrem. Durch heftigen emotionalen Ausdruck löste sich die Spannung. Ich hatte seit meiner Kindheit eine Wut zurückgehalten, die mir damals entsprochen hätte, die ich aber aus welchen Gründen auch immer nicht zeigen durfte. Mit der Lösung dieser Spannungen lösten sich die damit verbundenen Ängste. Auch meine Autoritätsgläubigkeit verblasste.

Ich vergleiche das holotrope Atmen mit dem Hochdruckreinigen eines verlegten Wasserrohres. Zuerst erhöht sich der Druck, dann wird die Blockade durchgerissen und weggespült. Das Wasser kann wieder wie ursprünglich fließen. Über das intensive Atmen erhöhen wir in unserem Körper den Druck, und in den Verspannungen und Verkrampfungen werden die Blockaden sichtbar und spürbar. Diese Blockaden können verschiedene Ursachen haben: aus Angst unterdrückte Emotionen, oft harmlos erscheinende Einschränkungen oder insgesamt traumatische Ereignisse. Wir haben sie zu lange, oft über viele Jahre, kultiviert. Hinterher, wenn wir gelöst sind, können wir die einzelnen Hindernisse genau ihren Ursachen zuordnen.

Drei Erfahrungen mit dem holotropen Atmen möchte ich besonders hervorheben. Ich war in einem umfassenden Selbsterfahrungsprogramm mit zwölf einwöchigen Kursblöcken, verteilt über einen Zeitraum von eineinhalb Jahren. Gleich im ersten Block hatten wir einige intensive Atemsitzungen. Es war im zweiten oder dritten Durchgang, als ich mein Ausatmen nicht wahrnahm. Ich spürte nur, dass ich einatmete. Mein Hausverstand sagte mir, wenn ich immer wieder einatme, muss ich logischerweise zwischendurch ausatmen. Trotzdem hatte ich panische Angst, atmete aber intensiv weiter. Plötzlich nahm ich wahr, dass ich auch ausatmete. Ich war über diese Erfahrung sehr erleichtert und atmete entspannt weiter. Nun nahm ich meine Umgebung wahr und hörte sie schreien, weinen oder wild um sich schlagen. Ich dachte, wie ist doch diese Welt verrückt, und musste hellauf lachen.

Das zweite Erlebnis hatte ich nach dem dritten oder vierten Block. Wir wurden aufgefordert, zu Hause unter gegenseitiger Begleitung einige Atemsitzungen zu absolvieren. Es war an einem sonnigen Tag im Juli im Haus meines Freundes, wo ich unter seiner Begleitung eine Stunde lang intensiv atmete. Hinterher sprang ich auf, lief aus dem Haus in eine Wiese und warf mich dorthinein. Ich fühlte mich wie neugeboren, selig und glücklich wie in meiner Kindheit.

Die dritte Erfahrung machte ich in einem der folgenden Kursblöcke. Der Kursleiter lud uns zu einer Atemsitzung »ohne Ende« ein. Wir legten unsere Uhren weg. Hinterher schätzte ich die Zeit der intensiven Atmung auf etwa drei Stunden. Beim holotropen Atmen ist zumindest für die ersten zehn oder zwanzig Sitzungen eine kompetente Begleitung unabdingbar. Es passiert nämlich unweigerlich, dass man während des intensiven Atmens in eine Trance fällt und wegdriftet. Man hört zu atmen auf, merkt es aber nicht. Wenn dann der Körper wegen des alsbald eintretenden Sauerstoffmangels reagiert und die Atmung wieder anregt, kann das einen Schock auslösen. Daher waren bei dieser langen Atemsession mit etwa sechzig Personen mehrere Assistenten ständig unterwegs und hielten Ausschau nach sogenannten Wegdriftenden. Zweimal kam eine Assistentin zu mir und klopfte mir sanft auf die Brust, weil ich in Trance gefallen war und zu atmen aufgehört hatte. Doch dann war ich auch mit geschlossenen Augen innerlich so wach, dass ich nicht mehr wegdriftete. Eben war ich so in dem Bewusstsein »Und wenn diese Sitzung noch Stunden dauert, ich zieh das durch!«, als wieder eine Assistentin zu mir kam und mir sanft auf die Brust klopfte. Ich dachte noch, was hat die denn, ich bin doch bei mir und atme intensiv. Mich hatte die Botschaft, dass die Session zu Ende gehe und wir den Atem auf ein entspanntes Normalmaß reduzieren sollen, nicht erreicht. Ein Grund war, dass mein Nachbar das Signal zum Ende auch nicht wahrgenommen und ebenso intensiv weitergeatmet hatte. Nun reduzierte ich mein Atmen auf das Normalmaß, drehte mich zur Seite und hüllte mich in eine warme Decke. Doch was geschah nun? Eben noch in dem Gefühl, dass dieses intensive Atmen noch Stunden dauern könnte, begann ich in der nun entspannten Situation bitterlich zu weinen. Ich hatte das Erziehungsmuster »Buben weinen nicht« aufgebrochen.

Die Bioenergetik geht auf Alexander Lowen zurück. Das Prinzip ist Folgendes: Seelische Störungen, Belastungen, Irritationen wirken sich auf den Körper aus und manifestieren sich dort in Form von Spannungen. Diese seelischen Ursachen müssen nicht dramatisch sein. Es genügen geringfügige, oft unscheinbare Verletzungen, die langfristig zu körperlichen Schäden führen, die später nur noch operativ zu behandeln sind. In der Bioenergetik geht man diesen körperlichen Spannungen nach und auf den Grund, mit dem Ziel, sie aufzulösen. Damit kommt man auch auf die seelische Ursache, die nun wieder freigelegt ist und sich lösen kann, oft begleitet durch Schreien, Schlagen oder Weinen, je nach dem ursprünglichen Auslöser der Störung. Daher wird diese Arbeit in einem geschützten Rahmen durchgeführt. Die jeweiligen bioenergetischen Übungen sind sehr intensiv und können heftige Reaktionen auslösen. Man geht in eine Körperhaltung oder eine bestimmte Bewegung, die Spannungen bewirkt und anstrengend ist. Diese Übung, bei der man sich meist schon nach zehn Minuten an der Grenze wähnt, hält man ein, zwei Stunden durch. Dass hinterher die Kleidung vom Schweiß tropfnass ist und der Boden förmlich schwimmt, sei nur so nebenbei erwähnt.

Auch hier sind zwei Erfahrungen für mich zu Schlüsselerlebnissen geworden. Ich machte beide in dem mehrmonatigen Selbsterfahrungskurs. In der einen Situation standen wir nach meiner Schätzung etwa eine Stunde mit hochgestreckten Armen, jeweils in Gruppen zu fünft in einem Kreis. Andere begannen sich bei mir anzulehnen, was ich erfolgreich abwehren konnte. Mit entsprechender Atemtechnik und wechselnden Körperhaltungen hielt ich mich aufrecht, mit der Einstellung, dass ich das noch Stunden so durchhalten könnte. Als ich dann der Aufforderung des Kursleiters, mich zu setzen und zu entspannen, folgte, löste das in mir ein heftiges Weinen aus.

Die zweite Situation war völlig anders geartet. Wir waren in einer eher sanften Übung im Gruppenraum. Ich saß am Rande mit Blick ins Leere. Dort fühlte ich mich plötzlich einsam und verlassen. Da kam der Kursleiter zu mir und legte eine Hand auf meinen Rücken in die Herzgegend. Wahrscheinlich hat er gespürt, was in mir vorging. Er hat mein Herz geöffnet. Seither fühlte ich mich nie mehr verlassen, und im Alleinsein begegne ich nun meiner Einsamkeit bewusst und frei. – Wir sind alle eins.

Zur Erläuterung des »statischen Gefühlsausdrucks«: Wir können statische und dynamische Emotionen unterscheiden.

Eine dynamische Emotion hat ihren Auslöser und ihre Ursache in der gegenwärtigen Situation: Ein schönes Erlebnis – wir freuen uns; wir erfahren vom Tod eines nahestehenden Menschen – wir sind traurig; etwas ist schiefgelaufen – wir ärgern uns.

Eine statische Emotion hat ihren Auslöser in der gegenwärtigen Situation, ihre Ursache aber liegt in der Vergangenheit, einer ungelösten Situation. Irgendetwas in der Gegenwart erinnert uns an diese ungelöste Situation und schon ist die damit verbundene Emotion wachgerufen. Dieses ungelöste Ereignis in der Vergangenheit ist uns zumeist nicht bewusst. Sollten wir uns grundsätzlich an dieses alte Ereignis erinnern, bringen wir es doch nicht mit dem gegenwärtigen Auslöser in Verbindung. Dass ein Ereignis in unserem Leben nicht aufgelöst wurde, kann zwei Gründe haben. Entweder haben wir die Situation verdrängt, weil wir sonst das Ereignis nicht verkraftet hätten, oder es wurde uns untersagt, diese Emotion auszuleben.

Ein Beispiel für eine verdrängte Situation: Ich war mit etwa vierzig Jahren in einem Kurs, wo es um die Auflösung alter Schmerzerfahrungen ging, in einer Einzelsitzung mit dem Kursleiter. Als ich nach einer unbequemen Körperhaltung meine Beine ausschüttelte, fragte der Kursleiter, was es mit diesen Bewegungen auf sich habe. Ich begründete sie mit meiner Empfindung, doch er bestand darauf, dass da noch etwas anderes mit im Spiele sei. Ich solle in mich hineinhören oder -spüren, was da noch wäre. Da erinnerte ich mich an eine Situation im Alter von vier Jahren im Kindergarten. Es war an einem sonnigen Sommernachmittag. Wir spielten im Freien. Während ich in einer Sandkiste für mich alleine etwas baute, wurde ich plötzlich aus meinen Träumen gerissen, als andere Kinder aus Sträuchern in der Nähe gelaufen kamen. Neugierig sprang ich auf und lief dorthin, wo die anderen hergekommen waren. – Ich lief mitten in einen Wespenschwarm, den die anderen aufgestöbert hatten. Die meisten Wespen trafen mich am Kopf, doch auch an den Beinen spürte ich die schmerzhaften Stiche. Die Kindergartentante lief mit mir zum nächsten Brunnen, um meine Schmerzen, vor allem am Kopf, mit kaltem Wasser zu lindern, und brachte mich dann nach Hause zu meiner Mutter. Ich erinnere mich, dass ich meinen Kopf in den Schoß meiner Mutter gegraben und heftig geweint habe. Auf Empfehlung der Großeltern, bei denen wir damals wohnten, denn es war Krieg und mein Vater war als Soldat an der Front, machte mir meine Mutter kühlende Umschläge und brachte mich ins Bett, wo ich bald einschlief. Das war gegen drei Uhr Nachmittag. Als ich am nächsten Morgen um etwa neun Uhr aufwachte, war für mich alles in Ordnung. Ich spürte nichts mehr von den Wespenstichen.

Als ich dem Kursleiter von diesem Ereignis erzählte, lud er mich ein, mich in einer entspannten Haltung in dieses Ereignis zu versetzen. Sogleich begann ich heftig zu weinen. Dieses Weinen hielt einige Minuten an. Als es nachgelassen hatte, forderte mich der Kursleiter auf, etwas zu meiner Mutter zu sagen. Ich sagte nur den Satz: »Mutti, es tut so weh!«, und schon begann ich wieder bitterlich zu weinen. Als ich mich nach einigen Minuten beruhigt hatte, legte ich mich erschöpft hin, und da geschah etwas Eigenartiges: Im Abklingen des Weinens schluchzte ich – ein Verhalten, das wir nur bei Kindern beobachten.

In den nächsten Tagen bzw. Wochen stellte ich an mir zwei markante Veränderungen fest. Die eine betraf meinen

Ärger über etwas, was mir nicht gepasst hatte. Während dieser Ärger in ähnlichen Situationen zuvor oft über Tage angehalten hatte, war er bei jedwedem Ereignis von nun an über Nacht wie weggeblasen, auch wenn die Sache selbst noch nicht erledigt war. Die andere Veränderung bemerkte ich bei bestimmten körperlichen Anstrengungen. Wenn ich zum Beispiel mit dem Fahrrad eine längere Strecke bergauf gefahren war (das Fahrrad hatte keine Gangschaltung), war mir der Atem im Hals stecken geblieben. Nach diesem erlösenden Weinen konnte ich auch unter Anstrengung normal weiteratmen. Seither weiß ich, dass jede nicht vergossene Träne in uns gespeichert ist und uns körperlich und seelisch blockiert.

Ein Beispiel für eine untersagte Emotion erlebte ich anlässlich des Todes meines Vaters. Als mein Vater starb, waren meine beiden Brüder auswärts und konnten nicht sofort zur Mutter kommen. Es war also an mir, meiner Mutter beizustehen und mit ihr gemeinsam alle Vorkehrungen für das Begräbnis zu treffen. Als ich in einem Blumengeschäft einen Kranz für uns drei Brüder bestellte und sagen wollte, welcher Text auf die Kranzschleifen gedruckt werden solle, stieg mir das Weinen in den Hals. Ich würgte es hinunter und äußerte meine Wünsche. Es war mir ja aus meiner Erziehung nicht erlaubt, zu weinen. Weil ich irritiert war, gab ich einen Text an, der mir nicht entsprach, sodass ich ihn hinterher telefonisch änderte.

Später war ich in einem Kurs, in dem wir in einer »Schnupper-Sitzung« erste Erfahrungen über die Auflösung alter Schmerzen machen sollten. Wir lagen alle, jeder für sich, auf einer Matte, um uns zu entspannen, und warteten auf das, was kommen sollte. Als die Assistentin des Kursleiters zu mir kam und mich leicht an der Schulter berührte, begann ich zu weinen und weinte, bis es von selbst abklang.

Nachher stellte ich fest, dass meine Beine, die meist kalt gewesen waren, wieder gut durchblutet und warm waren. In der Rückbetrachtung wurde mir bewusst, dass ich genau den Trennungsschmerz loslassen konnte, den ich drei Jahre zuvor beim Tode meines Vaters unterdrückt hatte.

Während eine dynamische Emotion allmählich anschwillt und nach wenigen Minuten ebenso abklingt, ist eine statische Emotion hartnäckig. Sie tritt abrupt in ihrer vollen Stärke auf und hält meist mehrere Tage an. Wir sind ja nicht an die Ursache gekommen. Eine dynamische Emotion kann von Umstehenden verstanden und nachvollzogen werden. Eine statische nicht. Sie bewirkt Missverständnis und Irritation. Allerdings kann es sein, dass ein emotionaler Ausdruck, ob dynamisch oder statisch, bei Anwesenden eine Resonanz auslöst, wodurch eine statische Emotion bei dieser oder jener Person in Bewegung kommt. Dann setzen sich oft »hilfreiche« Geister in Bewegung und stiften Unfug.

»A Indiana kennt kan Schmerz«. Falsch! Der Indianer, von dem hier die Rede ist, kennt den Schmerz besser als jeder von uns in der zivilisierten Gesellschaft. Warum? Er durfte als Kind jeden Schmerz ausleben. Es wurde ihm nicht verboten, zu weinen, weder durch verbale Einschränkung noch durch Vorbilder.

Wenn in uns keine alten Verletzungen schlummern, wenn sie aufgelöst sind, können wir mit dem aktuellen Schmerz anders, bewusster, klarer umgehen. Wenn uns dann etwas schmerzhaft berührt, können wir diesen Schmerz spontan ausdrücken. Wir müssen dann nicht unbedingt schreien oder jammern, wenn uns etwas wehtut. Und wir erzeugen keine neuen »Kellerleichen«.

28. April 2014

Heilung des Inneren Kindes

Es war vor etwa dreißig Jahren anlässlich eines Treffens der Trainer des Instituts, für das ich damals tätig war. Jedes Mal, wenn ein bestimmter Kollege das Wort ergriff, war ich innerlich aufgebracht. Ich suchte nach der Ursache, konnte aber nichts finden. Das Auftreten dieses Mannes war ruhig und seine Aussagen waren sachlich und kompetent. Was also störte mich?

In der nächsten Pause ging ich hinaus zu einem Spaziergang. Ich kam zu einer Parkbank, setzte mich hin, schloss die Augen und entspannte mich. Dann stellte ich mir die Frage, woher denn dieser mein Ärger komme. Es dauerte nicht lange, da kam eine klare Antwort: Der Mann erinnert mich in seiner Art an meinen älteren Bruder. Ich stellte mir die nächste Frage, was es denn sei, dass sich in dieser Begegnung mein Bruder meldet. Die Antwort kam prompt: Es war ein Streit mit meinem Bruder, als wir noch Kinder waren. In diesem Streit hatte mein Bruder seine Hände in meine Unterarme derart eingekrallt, dass man die Spuren seiner Fingernägel nach einer Woche noch sehen konnte. Der kleine Heinz, das Innere Kind, hat sich also hier gemeldet. Ich stellte diesem Kleinen in mir die Frage, was denn der Grund sei, dass er sich nun auf diese Weise meldete. Er gab mir zu verstehen, dass er damals nach diesem Streit mit seinem Schmerz alleingelassen war und niemand da war, der ihn tröstete. Er wollte von seiner Mutter in den Arm genommen werden. Das tat ich dann in meiner Vorstellung und nahm den kleinen Heinz wie eine Mutter in die Arme. Ich spürte, wie sich ein Knoten löste. – Als ich in den Arbeitsraum zurückkam und auf den Kollegen schaute, war keine Spur mehr da von Ärger oder Ablehnung.

Als ich dann Jahre später einen Kurs zum Thema »Heilung des Inneren Kindes« besuchte und dem Kursleiter diese Erfahrung mitteilte, meinte er, dass ich noch als Vater zum Bruder des kleinen Heinz' gehen und ihm sagen müsse, dass er diese körperlichen Angriffe unterlassen solle. Das tat ich auch.

Angeleitet durch diesen Kurs habe ich dann jeweils, wenn mich etwas nicht zur Ruhe kommen ließ, den kleinen Heinz in einer ungestörten Situation gefragt, was er denn brauche. Zwei Situationen sind es, die mir besonders erwähnenswert erscheinen:

1. Ich bin ein Held

Vorfrühling 1945. Europa ist im Kriegszustand. Meine Eltern hatten den eigenen Haushalt in Steyr aufgelassen. Meine Mutter war mit mir und meinem Bruder zu ihren Eltern nach Admont gezogen. Mein Vater war Soldat bei der deutschen Luftwaffe. Der Krieg war nähergekommen. Auch in dem eher ruhigen Ort Admont, abseits des Kampfgeschehens, wurde wiederholt Fliegeralarm ausgelöst. Meine Mutter war jedes Mal mit meinem Bruder und mir in einen nahe gelegenen Luftschutzkeller gegangen. Mein Großvater hatte weiter in der Schmiede gearbeitet. Meine Großmutter war in der Wohnung bei der Hausarbeit geblieben. Im Februar hatte mein Vater Heimaturlaub. In diesem Urlaub fuhr er mit der Mutter und meinem Bruder zum Skifahren nach Kitzbühel. Ich blieb bei den Großeltern. Ich war gerne bei meinen Großeltern. Eines Tages heulte die Sirene: Fliegeralarm. Meine Großeltern gingen nicht in den Luftschutzkeller. Ich auch nicht. Ich fühlte mich als Held.

Juni 2013. Ich bekomme eine E-Mail-Nachricht, dass ich eine offene Rechnung über 69,80 Euro begleichen solle. Nach meiner Berechnung sind nur 69,00 Euro offen. Die hängen mir da zusätzliche 0,80 Euro an! Die werde ich nicht bezahlen. Ich lösche die Nachricht. In zwei Tagen komme ich sowieso ins Büro und kläre das. Am nächsten Tag sitze ich am Bahnhof. Während ich auf den Zug warte, läuft in mir ein innerer Dialog ab, dass ich auf keinen Fall die 80 Cent bezahlen werde, dass ich beweisen werde, warum die durch nichts zu rechtfertigen sind und überhaupt.

Ich ertappe mich bei diesem Dialog und denke, was ist denn jetzt mit mir los? Meldet sich womöglich der kleine Heinz? Ich schließe die Augen, entspanne mich und frage den Kleinen. Es dauert eine Weile, bis er mit seinem Thema kommt: Die Sache mit dem Fliegeralarm, während meine Eltern mit meinem Bruder zum Skifahren in Kitzbühel sind. Was denn? Ich entspanne mich noch mehr, werde ganz still und frage den Kleinen, was es denn mit dieser Nicht-in-den-Luftschutzkeller-gehen-müssen-Sache auf sich hat. Ganz zögernd kommt der kleine Heinz mit seiner Antwort: »Ich bin kein Held. Ich fühle mich von meiner Mutter alleingelassen, hilflos zurückgelassen.« Ich bin betroffen. Ich sage dem kleinen Heinz, dass seine Mutter Ski fahren darf, wenn sie es will. Ich nehme den kleinen Heinz an der Hand und gehe mit ihm in den Luftschutzkeller. Jetzt.

Als ich am nächsten Tag zur Schuldenbegleichung ins Büro kam, standen 69,00 Euro an.

Anmerkung: Jetzt ist nicht im Februar 1945 und nicht im Juni 2013. Jetzt ist jetzt! Und der kleine Heinz ist doch ein Held!

2. Ich werde abgeführt.

Mit etwa zehn Jahren verkaufte ich vor dem Eingang zur Stadtpfarrkirche eine katholische Wochenzeitung an herauskommende Kirchenbesucher. Wir waren zwei oder drei Zeitungsverkäufer. Da kam mir die Idee, zur nahe gelegenen Marienkirche zu wechseln, weil dort bald eine Messe zu Ende sein würde. Auf dem Weg dorthin – ich hatte einen Stoß Zeitungen unterm Arm – wurde ich von einem Polizisten angehalten und, weil ich seiner Meinung nach auf öffentlichem Grund Zeitungen verkauft hätte, abgeführt. Er hat mich regelrecht abgeführt, am Ärmel haltend hat er mich quer über den Stadtplatz zur Polizeistation gebracht und dort seinen Kollegen vorgeführt. Dann hat er mich mit dem Auftrag, den Verkauf zu unterlassen, entlassen. Ich ging zum zuständigen Kaplan und erzählte ihm den Vorfall. Der hat diese Angelegenheit als nebensächlich abgetan.

Dieses Ereignis ist mir vor etwa ein, zwei Jahren wiederholt ins Bewusstsein gekommen. Die Szene mit dem Polizisten ließ mir keine Ruhe. Ich dachte: Da meldet sich der kleine Heinz, mehr als sechzig Jahre später! Ich setzte mich also hin, schloss die Augen und entspannte mich.

Dann fragte ich den kleinen Heinz, was los sei. Er sagte mir, dass ihn die Demütigung durch den Polizisten einerseits und die geringschätzige Behandlung durch den Kaplan andererseits so sehr getroffen haben. Ich sagte zum kleinen Heinz: »Gut. Ich bin jetzt dein Vater und wir bringen das in Ordnung. Hab Vertrauen.« Also ging ich mit ihm zur Polizeistation, wo die Polizisten standen. Ich sagte dem Betroffenen im

Beisein seiner Kollegen, dass sein Vorgehen nicht rechtens, sondern klarer Amtsmissbrauch gewesen sei und er zu meinem Sohn sagen solle, dass es ihm leid tue. Da war noch etwas offen. Also ging ich mit dem kleinen Heinz in den Pfarrhof zum Kaplan und stellte ihn zur Rede. Ich sagte ihm, dass es verantwortungslos sei, so junge Menschen zum Zeitungsverkauf loszuschicken und sie bei auftretenden Problemen einfach im Regen stehen zu lassen. An einen Seelsorger hätte ich andere Erwartungen, schließlich vertraue ich ihm meinen Sohn an. Als wir dann nach Hause gingen, gab mir der kleine Heinz zu verstehen, dass er sich jetzt einfach meine Nähe wünsche. Wir blieben eine Weile schweigend nebeneinander. Es tat ihm sichtlich wohl.

Dieses Vorgehen blieb nicht ohne Wirkung. Ich merkte es in der Folge daran, dass mich das Ereignis aus meiner Kindheit nun nicht mehr beschäftigte. Mir fiel auch auf, dass ich in Gesprächen generell entspannter und aufmerksamer für mein Gegenüber war und es mir leichter fiel, den anderen auf Augenhöhe zu begegnen.

Wenn wir erst einmal beim Inneren Kind angekommen sind, hat jegliches Kämpfen ein Ende. Dort schwindet alles Für und Wider. Dort gibt es keine Sehnsucht, kein Hoffen und kein Glauben mehr, weil alles ist, wie es ist. Selbst dieses Ankommen wird nicht erkämpft. Jede Wertung hinter sich zu lassen, wird nicht erkämpft. Wenn aber die Sehnsucht aufhört, ist jede andere Sucht auch zu Ende. Was steckt noch in diesem Wort »Sucht«? Das Suchen. Es ist ebenfalls vorbei.

Dies ist eine Revolution, die sich unerwartet vollzieht, augenblicklich und in aller Stille.

Erleuchtung wird nicht erkämpft.
Friede wird nicht erkämpft.
Kämpfen ist etwas für Fanatiker und für Eiferer – einfach für Süchtige. (Eben spreche ich mit dem kleinen Heinz, dass wir uns nicht gerade selbst ereifern.)

Auslöser für diese Einsicht war ein isländischer Liederabend am 20. Juli 2014 in der Harpa-Konzerthalle in Reykjavik.

29. April 2014

Das Leben ist ein Geschenk

Entgegen allen Spekulationen haben wir uns unser Leben nicht ausgesucht. Wir wurden hineingeboren in eine Familie, in eine Lebenssituation mit spezifischen Gegebenheiten. Es wurde uns geschenkt. Wir sagen, dass es uns von unseren Eltern geschenkt wurde. Durch unsere Eltern sind wir hier. Das ist einigermaßen gewiss. Aber geschenkt wurde es uns vom Leben selbst. Unsere Eltern haben die Physis beigestellt.

Welches menschliche Leben ist nicht ramponiert? Wer hat keine Beulen abbekommen? Was machen wir mit einem solchen Geschenk, das bei der Übergabe womöglich schon zerfleddert war? Wir haben zwei Möglichkeiten. Wir können es annehmen oder wir können es ablehnen und dankend zurückgeben. Annehmen heißt aber, bedingungslos annehmen, so wie es ist. Auch wenn es Macken hat und womöglich schrottreif ist, als Geschenk können wir es nur so nehmen, wie es ist. Und als Geschenk sollten wir es sorgfältig behandeln und achtsam damit umgehen.

Das Leben hat eine eigenartige Dynamik. Wenn wir es als ein Geschenk fraglos annehmen und wertschätzen, dann entfaltet es sich in seiner vollen Blüte zu seiner Vollkommenheit. Ich habe über die Jahre erfahren, dass das bedingungslose Annehmen eine heilsame Wirkung hat. Als mir in einem Kurs bewusst wurde, was ich bei meinen Kindern alles falsch gemacht habe und das dem Kursleiter mitteilte, hat er mir zur Antwort die Frage gestellt: »Wie ist es, wenn du dem zustimmst?« Wie? Ich soll meinen Fehlern zustimmen? Ich soll das einfach hinnehmen? Das hat mir gar nicht gefallen. Doch mit den Jahren habe ich festgestellt, dass dieses Ja zu mir selbst, ohne jede Einschränkung, die einzige Chance bietet, dass sich alles zum Guten wendet.

Als Kinder haben wir das Leben fraglos angenommen. Irgendwann bin ich zu der Einsicht gekommen, dass Erziehung im Wesentlichen darin besteht, Kinder in dieser Haltung zu bestätigen und zu fördern. Dazu müssen wir selbst zu dieser fraglosen Bereitschaft zurückfinden – und an uns selbst arbeiten.

In dem Moment, wo es mir gelungen ist, mein Leben so zu nehmen, wie es ist – die Schläge meiner Mutter, die einschränkende Kritik meines Vaters, den einen oder anderen Verlust, die geistig-körperliche Behinderung meiner Tochter –, ja ich erkennen konnte, dass ich dafür dankbar sein kann, unter anderem, weil es mir den Weg zu tieferen Einsichten geöffnet hat, hat mein Leben an Qualität deutlich gewonnen.

Zum Dankbarsein für alles möchte ich noch auf eine Stelle in der Bibel hinweisen: Im Alten Testament gibt es das Buch Hiob. Dieser Hiob war anfangs sehr wohlhabend. Es mangelte ihm an nichts. Und es heißt, dass er gottesfürchtig war, womit er seine Ergebenheit in sein Schicksal zum Ausdruck brachte. Da gibt es den Hintergrunddialog zwischen Gott und dem Teufel, der meint, dass Hiob leicht gottesfürchtig sein könne, wo es ihm doch an nichts fehle. Gott hat dem Teufel gestattet, Hiob seines Wohlstandes zu entledigen, einschließlich seiner Gesundheit. Als dieser weiterhin seine Ehrfurcht vor Gott zum Ausdruck brachte, fragte ihn seine Frau, ob er noch ganz zurechnungsfähig sei, immer noch gottesfürchtig zu sein, wo er doch derart ins Elend geraten war. Hiob gab ihr darauf zur Antwort: »Wie eine törichte Frau spricht, so redest auch du. Wenn wir das Gute von Gott annehmen, warum nicht auch das Böse?« *(Hiob 2,10)*

30. April 2014

Mein Schutzengel

Hast du ihn nicht gesehen? Eben flog er um die Ecke.

Wie erklären wir uns, dass ein Mensch durch sonderbare Umstände, womöglich durch eine Panne oder eine andere Verhinderung, einem fatalen Schicksal entkommen ist?

»Seinen Engeln wird er deinetwegen Befehl geben und sie werden dich auf Händen tragen, damit dein Fuß nicht an einen Stein stößt« *(Mt 4,6)* oder »Denn er entbietet für dich seine Engel, dich zu behüten auf all deinen Wegen. Sie sollen auf den Händen dich tragen, dass nicht an einem Stein sich stoße dein Fuß« *(Ps 91,11-12)*. Gilt diese Botschaft für Auserwählte, für Erleuchtete oder kann sich jeder von uns unter diesen Schutz stellen, und wenn ja, auf welche Weise?

Ich habe in der Bibel eine Stelle gefunden, wo es heißt: »Alle, die zum Schwert greifen, werden durch das Schwert umkommen.« *(Mt 26,52)* Jesus hat das gesagt. In meiner Naivität habe ich diesen Satz frei assoziiert. Ich habe das Schwert als Symbol für Gewalt auf verschiedene Angriffssituationen übertragen. Da habe ich beobachtet, dass Gewalt ihrerseits Gewalt anzieht. Mir ist aufgefallen: Wenn ich aggressiv auftrete, ziehe ich Aggressivität an. Das geschah aber weitgehend unabhängig. Oft habe ich mich nach außen hin gar nicht so gegeben. Es war die in mir gegenwärtige aggressive Haltung, die entsprechende Reaktionen hervorgerufen hat! Da wurde mir bewusst, wie ich mich vor Angriffen oder allgemein vor Gefahren schützen kann. Ich löse diese angriffslustige Seite, diesen Schatten in mir auf. Wie? Indem ich diesem Anteil auf den Grund gehe und mich mit der gefundenen Schlüsselsituation aussöhne.

Was habe ich an diesem Thema gearbeitet! Als ich dann im Sommer in Island stundenlang durch die Landschaft gewandert bin, kamen in mir unwillkürlich aggressive Gedanken hoch. Ich dachte nur: Wann hört das endlich auf. Wann bin ich endlich frei von diesem Zeug. Da machte es plötzlich klick in meinen grauen Zellen und eine Stimme in mir sagte: »Wie ist es, wenn du dem zustimmst? Das ist ein Teil von dir. Nimm diese Eigenschaft in dein Herz. Dort stiftet sie keinen Unfug!« Ich fühlte mich mit einem Male leicht und frei.

Inzwischen sind diese Gedanken zur Ruhe gekommen. Jetzt steht mir dieser Anteil zur Verfügung, wenn ich ihn brauche.

Wie verhält es sich mit der gewaltfreien Kommunikation? Gibt es die sogenannte Gewaltfreiheit? Ich habe Menschen getroffen, die eine Ausbildung in »Gewaltfreier Kommunikation« absolviert hatten. Ich konnte mich bei diesen Personen des Eindrucks nicht erwehren, dass in ihnen die Gewalt steckt. Mit welcher Gewalt haben sie die Gewaltlosigkeit gelebt! Vielleicht sind diese Menschen nie ihrer Gewalt begegnet. Im Labor wird man nicht gewaltfrei. Methodische Instrumente nützen da nichts. Die Bücher sprechen die gleiche Sprache. Man muss allerdings zwischen den Zeilen lesen. Dort ist die Gewalt versteckt. Versteckte Gewalt ist schlimmer als offene.

Jeder Mensch bekommt für seine Gewalttätigkeit die Rechnung präsentiert: Papst Johannes Paul II. ist auf einer seiner Amerikareisen in seinen Aussagen gewaltsam aufgetreten. Kurz darauf traf ihn am Petersplatz eine Kugel lebensgefährlich. Ähnliches widerfuhr dem US-amerikanischen

Präsidenten Ronald Reagan. Mahatma Gandhi ist mit Gewalt gegen sich selbst aufgetreten. Ihn traf die Kugel tödlich.

Ich habe meine Gewalt in einem Selbsterfahrungskurs gelebt. Mehrere Stunden habe ich auf eine Matratze eingedroschen. Assistenten haben darauf geachtet, dass ich keine Pause einlegte. Hinterher war mein Rücken brennheiß. Dort bin ich meinen aufgestauten Aggressionen, meiner Wut über meine Einschränkungen, die ich als Kind erfahren hatte, begegnet. Es waren echte Befreiungsschläge.

Wenn wir unsere Gewalttätigkeit, unsere Aggressionen, unsere Wut, unsere Kampfeslust, unseren Wunsch, alles niederzuschiessen oder niederzustechen, unser Bedürfnis, alles krumm und klein zu schlagen, erkennen und als Teil von uns in unser Herz nehmen können, ist der Schutzengel auf unserer Seite.

Nicht minder betroffen sind diejenigen, die ihre Gewalttätigkeit unterdrückt haben, die ihre Aggression nicht leben. Wenn sie sich emotional keinen Ausweg bahnen kann, greift sie den Körper an. Der erkrankt, zum Beispiel an Krebs.

Es kann aber auch sein, dass die Ursache für Gewalt und Aggression nicht in unserem Leben zu finden ist. Sie geht über uns hinaus und reicht weit zurück. Dann kann es sein, dass wir bei unseren Ahnen fündig werden, zwei oder mehrere Generationen vor uns. Die Ursache kann so weit zurückreichen, dass über die konkreten Umstände nichts bekannt ist. Ein weiterer Grund ist in unseren karmischen Verstrickungen zu finden: Wir haben bei unserer Geburt Seelenanteile von jemandem übernommen, der seine Konflikte mit in den Tod genommen hat. Mit seinem Hinscheiden werden seine Anteile zu bloßer Schwingung im freien Raum. Wenn die Konstellationen stimmen, erreicht uns diese Schwingung. Zu den Ahnen und zu den karmischen Verbindungen werden wir geführt, sobald wir die Knoten in unserer eigenen Lebensgeschichte gelöst haben.

Zu den karmischen Verbindungen ist etwas anzumerken. Diese Übernahme ungelöster Konflikte bzw. Schicksalsanteile von Personen, die früher gelebt haben, folgen dem karmischen Gesetz von Ursache und Wirkung. Sie werden uns während der Geburt »draufgepackt«, und zwar jeweils dann, wenn es die konkreten Umstände zulassen bzw. bewirken. Durch sogenannte Rückführungen können wir in die Schicksalssituation dieser früheren Person eintauchen. Wir erleben uns dann in dieser früheren Person, deren Leben mehrere tausend Jahre zurückliegen kann. Das erweckt in uns den Eindruck, dass wir selbst diese frühere Person waren und jetzt wiedergeboren wurden. Daran knüpft sich auch die Vorstellung, dass wir jeweils so oft wieder Mensch werden, bis wir alle unsere Anteile gelöst haben und erleuchtet sind. Das verführt auch dazu, dass wir meinen, etwas für ein späteres Leben aufheben zu können.

Diese Vorstellung einer individuellen, wiederholten Menschwerdung ist nicht möglich, vor allem deshalb, weil sie auf einem Ego gründet, das sich erst im Laufe des Lebens bildet. In der kosmischen Wirklichkeit gibt es kein Ego. Dagegen wehrt sich vor allem unser Ego!

Der Reinkarnations-Glaube wird auch dadurch genährt, dass die Toten, insbesondere unsere Ahnen, in unser Leben hereinwirken. Besonders deutlich wird das in den Familien-Aufstellungen. Tatsächlich sind das aber nur unsere eigenen Schatten, die dieses Hereinspuken provozieren.

Ich habe auch beobachtet, dass die Menschen, die derartigen illusionären Gedanken anhängen, nicht mit zwei

Füßen auf dem Boden stehen. Sie haben sich in die geistige Welt geflüchtet, ehe sie hier wirklich angekommen sind. Dieses Manko haftet leider generell, mit wenigen Ausnahmen, dem esoterischen Gedankengut an. Darüber kann auch nicht hinwegtäuschen, dass viele dieser Anhänger sehr hemdsärmelig auftreten und den Eindruck erwecken, als stünden sie fest auf zwei Beinen. Erst bei genauerem Hinschauen kann man erkennen, wie sie schweben.

1. Mai 2014

Die Essenz des Lebens

Manchmal haben wir eine spontane Idee, wie etwas, das wir uns zunächst nicht erklären können, in seinem Wesen funktionieren könnte. Dann folgen wir dieser Idee und überprüfen sie anhand verschiedener Kriterien, und siehe da: die Idee, die einer Vorstellung entsprungen war, entpuppt sich als konkrete Wirklichkeit.

Mir ging es so mit einer Einsicht ins Leben. Wobei diese Vorstellung nicht alleine aus mir gekommen ist. Ich hatte entsprechende Hinweise von anderen erhalten. Jedenfalls kam ich zu dem Schluss: Am Anfang war nur reine Schwingung. Die Grundlage allen Lebens ist Schwingung. Wie sie entstand und was sie in Gang hält, bleibt mir vorerst verborgen. Für die Betrachtung des Ganzen und seiner Zusammenhänge genügt die Grundannahme, dass die Essenz des Lebens Schwingung ist.

Unser physisches Leben pulsiert aus dem Herzen.

Unsere Sinne – sehen, hören, spüren, riechen, schmecken – funktionieren aufgrund von Schwingungen.

Die Lebensspender Licht und Wärme sind Schwingungen.

Jede Informationsübertragung, einschließlich der Gedanken und des Hellsehens, basiert auf Schwingungen.

Unsere gesamte Befindlichkeit wird von Schwingungen beeinflusst und bestimmt.

Neueren Forschungen zufolge ist Materie aus Energie entstanden und war ursprünglich reine Schwingung.

In diesem riesigen und komplexen Schwingungsfeld befinden wir Menschen uns. Wir sind von diesem Feld getragen. Durch dieses Schwingungsfeld sind wir miteinander und mit allem verbunden. Wir sind Teil eines allumfassenden Feldes oder anders formuliert eines Raumes. So gesehen gibt es uns als Individuen nur im Sinne der Betrachtung eines Ausschnittes. In Wirklichkeit sind wir nur ein Punkt in diesem Schwingungsraum, ein Schwingungsknoten, wenn man so will. Als Einzelne sind wir ständig in Wechselbeziehung mit unserem Umfeld. Wir sind ständig im Austausch. Wir empfangen Schwingungen und wir senden Schwingungen. Das ist ein sich ständig wandelnder Prozess. Wir sagen auch, dass das Leben fließt. Wenn wir ein Teil des Ganzen sind, gleichsam ein Punkt im Universum, was ist dann die Seele? Die Seele ist dieses Allumfassende, und wir sind in ihr. Nicht die Seele ist in uns, wir sind in der Seele. Das wussten die Menschen schon, als sie noch ihrer Verbundenheit mit der Natur und ihrem Umfeld gewahr waren. Mit dem Heraustreten aus der Natur, bedingt durch einen Prozess, den wir Zivilisation nennen, ist uns dieses Bewusstsein abhanden gekommen. Und mit der biblischen Vorstellung, dass uns ein Gott das Leben eingehaucht hat, entstand auch die Vorstellung von einer individuellen Seele. Dieses Bild der individuellen Seele wurde vor allem durch das Christentum allgemein verbreitet. Daher hatte ursprünglich auch der Fußball eine Seele.

An uns Menschen selbst können wir Seelenqualitäten erfassen. Diese sind Eigenschaften der Schwingung. Eine ihrer Qualitäten ist die, dass sie einfach da ist. Sie fragt nicht, ob sie soll oder nicht soll, ob es ihr gefällt oder nicht gefällt: Sie ist fraglos bereit. Eine weitere Qualität ist ihre ausgerichtete Bewegung: sie ist Kraft. Dazu kommt, dass sie auf jede

Veränderung und sei sie noch so unscheinbar, reagiert und in Resonanz geht: sie ist Mitgefühl. Schließlich ist sie unbeirrbar, unbestechlich und nicht manipulierbar: sie ist Wille. Wenn wir uns dem Leben anvertrauen wollen, können wir uns an diesen Qualitäten orientieren: dass wir fraglos bereit sind, unser Schicksal zu leben, dass wir uns der Kraft des Lebens hingeben, dass wir unser Gefühl für unser Umfeld entwickeln, dass wir unser Da-Sein bejahen.

Was brauchen wir dazu? Die aktuellen Herausforderungen des täglichen Lebens.

Weil diese Schwingung immerwährend ist, ist auch das Leben immerwährend, ewig.

Schwingung bewirkt unser Leben. Schwingung beeinflusst unsere körperliche und seelische Befindlichkeit.

Wie können wir mit dieser Schwingung in Kontakt kommen und unsere Befindlichkeit beeinflussen?

Über Meditation.

2. Mai 2014

Meditation

Während meiner Schulzeit habe ich mich oft mit einem Freund über spirituelle Entwicklung unterhalten. Damals habe ich erstmals in einem Buch etwas über Meditation gelesen. Da sollte man einfach still sitzen. Ich hatte keine Ahnung, wie das funktionieren kann. Meine zaghaften Versuche führten zu nichts.

Einige Jahrzehnte später bin ich in ein Institut zu einem Selbsterfahrungskurs gefahren. Mein Motiv ist einfach erklärt. Eine Bekannte hat mir einen Hinweis gegeben, und als sie mir sagte, dass dort auch mit Bioenergetik gearbeitet werde, bin ich hingefahren. Bert Hellinger hatte nämlich in seinem Kurs erwähnt, dass Bioenergetik eine gut brauchbare Methode sei. Hellinger hatte mich durch seine Arbeitsweise überzeugt.

In dem Institut habe ich mich durch intensive Körperarbeit selbst kennengelernt: Jeden Morgen haben wir eine Stunde lang eine sogenannte Dynamische Meditation in verschiedenen Varianten absolviert. Dabei geht man mit totalem Einsatz und intensiver Atmung an die eigenen körperlichen Grenzen. In der letzten Phase ist man still. Meditation ist einfach da sein und still sitzen, ganz bei sich im Hier und Jetzt. Das gelingt einem Menschen, der im Gesellschaftsgetriebe der Zivilisation aufgewachsen ist, so nicht. Die Stille muss provoziert werden: durch eine Beanspruchung des Körpers, dass er hinterher nichts anderes will als still sein.

Jetzt soll ich mich aber auch noch nicht ablenken und einfach da sein. Während des Stillsitzens kommt mir alles Mögliche unter. Eine Hilfe ist, dass ich mich im Sitzen spüre, mich auf meine Arschbacken konzentriere. Wesentlich geholfen hat mir eine Aufgabe für zu Hause bis zum nächsten Kursblock: Ich solle mich mit Massage verwöhnen lassen und dabei obszöne Gedanken hegen. Die Folge war, dass ich diese Gedanken losgeworden bin! Einem anderen Teilnehmer hat der Kursleiter übrigens die Aufgabe gestellt, bis zum nächsten Mal wöchentlich einmal in eine Disco zu gehen. Etwas, was dieser gar nicht wollte. Einen anderen Teilnehmer, der im Büro eines Schlachthauses gearbeitet hatte, hat er beauftragt, selbst ein Tier zu schlachten. Wir sollten einfach mit unseren Schatten Kontakt aufnehmen und sie integrieren.

Wir haben auch Energiearbeit und sanfte Übungen gemacht, um uns selbst wahrzunehmen und zu spüren. Unmittelbar in die Meditation eingeführt wurde ich dann in halbstündigen Stillsitzphasen in der Gruppe mit dem Kursleiter, jeweils vor dem Mittagessen. Dort in der absoluten Stille habe ich Meditation direkt an mir erfahren.

Im Laufe der Zeit habe ich den Wert der Meditation erst richtig kennen- und schätzen gelernt. Sie hilft mir nicht nur, jederzeit abschalten zu können. Vor Jahren hatte ich erfahren, dass ein bekannter Filmschauspieler Krebs in einem Zen-Kloster mittels Meditation ausgeheilt hat. Über einzelne, nicht so dramatische Erfahrungen an mir selbst habe ich die heilende Wirkung der Meditation kennengelernt.

3. Mai 2014

Als ob

Im Jahr 1989 war ich auf einem Kongress über Erickson'sche Hypnotherapie in Heidelberg. Ein Hauptvortragender war Paul Watzlawick. Er sprach zum Thema »Die Psychotherapie des Als ob«. Watzlawick hat seine Rede mit folgenden Worten begonnen: »Um mit Karl, nicht Marx, sondern Kraus, zu beginnen: Ich bin selber gespannt, zu hören, was ich zu sagen haben werde.«

Von 1954 bis 1958 hatte ich in der Höheren Technischen Schule für Maschinenbau einen Mathematiklehrer, der jedes neue Kapitel mit den Worten »Stellen wir uns die Aufgabe gelöst vor« begonnen hat.

Die Worte meines Lehrers blieben nicht ohne Folgen. Zunächst in der Technik, wo ich damals beheimatet war. Wenn ich einen mechanischen Apparat reparieren sollte, stellte ich mir vor, wie er denn funktioniert, wenn der Fehler behoben ist. Es hat mir immer geholfen. Später habe ich diesen Satz, mir eine Aufgabe gelöst vorzustellen, auch auf Aktionen im öffentlichen Leben angewandt. Ich war nicht selten überrascht, festzustellen, dass ich unter diesem Gesichtspunkt viele Aktionen von Politikern jedweder Fraktion anders beurteilt habe, oft im Gegensatz zur gängigen Meinung.

Dann habe ich auch erfahren, und das knüpft an den Vortrag von Paul Watzlawick an, dass dieser Satz in der Psychotherapie erfolgreich angewandt wird: Der Klient, der mit einem Problem zum Therapeuten kommt, wird eingeladen, sich vorzustellen, sein Problem sei gelöst, und diese Situation zu beschreiben. Auf einmal ist das Problem weg! Dieser Ansatz hat eine spielerische Note und lässt sich wunderbar mit Humor anwenden.

Man lese und staune: Diese Strategie können wir auch auf das Thema Kind-Sein übertragen! ☺ Ich stelle mir die Aufgabe gelöst vor. Ich stelle mir vor, ich bin dieses unbekümmerte, freie, sorglose, urteilsfreie, authentische Kind!

4. Mai 2014

Der Himmel tickt anders

Jesus wurde gefragt: »Ist es erlaubt, dem Kaiser Steuern zu zahlen oder nicht? Jesus ... sagte: ... Zeigt mir die Steuermünze! Da reichten sie ihm einen Denar. Er fragte sie: Wessen Bild und Aufschrift ist dies? Sie antworteten: Des Kaisers. Da sagte er zu ihnen: So gebt dem Kaiser, was des Kaisers ist, und Gott, was Gottes ist!« *(Mt 22,17-21)*

Im Leben gibt es immer zwei Betrachtungsebenen:

- die gesellschaftlich-irdische und die himmlische
- die Ebene der von Menschen gemachten Gesetze und die der göttlichen (Natur-)Gesetze
- die vordergründige und die tiefere
- die mechanistische und die geistige

Verkehrsunfall, zwei Autos sind zusammengestoßen:

Verkehrsjuristen prüfen gemeinsam mit technischen Sachverständigen die Verschuldensfrage. Trifft die Schuld einen der beiden Lenker und welchen? Gibt es eine Teilschuld? Waren äußere, von Menschen nicht beeinflussbare Kräfte im Spiel? – Das ist die irdische, auf Menschengesetzen beruhende, vordergründige Betrachtung.

Auf einer anderen Ebene werden andere Fragen gestellt: Was ist in diesen beiden Lenkern vorgegangen, dass sie in diesen Unfall geraten sind? Gibt es einen Hinweis aus ihrer Lebensgeschichte, der auf eine Unfallneigung hindeutet? – Das ist der himmlisch-geistige Zugang. Hier gibt es keine Verschuldensfrage. Im Unterbewusstsein wussten beide Lenker, was auf sie zukommt.

Ein verrücktes Hirngespinst? Wer den Mut hat, in einer System-Aufstellung hinzuschauen, kann eine klare Antwort erhalten.

Norwegen, Juli 2011: Ein Mann erschießt 77 Menschen, darunter viele Kinder. Der Staatsanwalt fragt den Täter und erhält als Antwort, dass sich diese Tat gegen die ausländerfreundliche Politik der Regierung richtete. Die Gesetzgeber sagen, dass der Mann für den Rest seines Lebens hinter Schloss und Riegel kommen solle. Das ist die irdisch-vordergründige Ebene.

Ich stelle eine andere Frage: Gegen wen richtet sich die Ermordung von so vielen Kindern? Gegen die ausländerfreundliche Politik der Regierung? Doch nicht! Wer ist besonders betroffen, wer wurde getroffen? Die Eltern! Und wer von den Eltern am meisten? Die Mütter! Geistig richtet sich diese Bluttat gegen die Mütter. Den Täter für immer aus der Gesellschaft auszuschließen, ist irdisches Recht. Er hat seine Zugehörigkeit verwirkt. Wenn aber das eigentlich dahinterstehende geistige Thema nicht gesehen und gelöst wird, findet sich morgen ein anderer für ein ähnliches Massaker, mit einer ganz anderen vordergründigen Erklärung.

Die Konsequenz aus diesen zwei Betrachtungsebenen ist vielfältig. Ich habe es mir zur Gewohnheit gemacht, widerwärtige Ereignisse in meinem Leben stets von beiden Gesichtspunkten aus anzusehen und anzugehen. Zum Beispiel:

Ich handelte mir – inhaltlich zu Unrecht – wegen meines Auftretens Kritik auf Umwegen ein. Nach außen hin, den Kritikern gegenüber, habe ich mich zur Wehr gesetzt und vor allem gebeten, man solle mir künftig Kritik direkt mitteilen (= irdische Ebene). Andererseits habe ich mich zu Hause hingesetzt, die Augen geschlossen und mich entspannt. Dann habe ich mich der Frage ausgesetzt, wodurch ich diese Kritik provoziert haben könnte. Ich wurde fündig. Wahrscheinlich bin ich in dieser Situation als Neuling zu forsch aufgetreten. Ich habe diese Einsicht auf mich wirken und über die Atmung abklingen lassen. Das Einvernehmen mit den vorherigen Kritikern war unmittelbar hergestellt.

Es ist die umgekehrte Version zur Geschichte vom Splitter im Auge des anderen und dem Balken im eigenen. So wie wir bei unseren Mitmenschen etwas kritisch anzumerken haben, so haben sie es auch bei uns. Aber in beiden Fällen können wir nur bei uns selbst ansetzen. Haben wir den Knoten bei uns selbst gefunden und gelöst, hat sich das Thema aufgelöst.

Gebt dem Kaiser, was des Kaisers ist.

Es geht um diese beiden Betrachtungsebenen: die irdische und die überirdische (vielleicht gibt es noch eine unterirdische). Je mehr ich mich in dieses Thema vertiefe, umso deutlicher sehe ich, wie einseitig und unbeirrbar sich unsere Gesellschaft auf dieser irdisch-vordergründigen Ebene bewegt. Wenn man beispielsweise die Liste der gesellschaftskritischen Bücher oder auch Kinofilme, die nacheinander auf den Markt purzeln, durchsieht, findet man ausschließlich »Ego«-Bücher und Let's-Make-Filme, die sich in überfüllten Seiten bzw. dramatischen Szenen über die verrückte Maschinerie der »Abbilder des Kaisers« auslassen. Die göttliche Ebene, auf der die Lösung zu finden wäre, wird nicht angetastet.

Man kann es beobachten: Über die Machenschaften der Mächtigen, die eine Weltherrschaft in ihrem Programm haben, Bücher zu schreiben oder Filme zu drehen, stört keinen von ihnen. Doch wer sich ihnen in den Weg stellt, erlebt den morgigen Tag nicht. Dabei ist es genauso verrückt, sich diesen Machthabern in den Weg zu stellen. Es ändert nichts. Tatsächlich sind sie ebenso wie jeder Mensch auf dieser Erde bemüht, ihr Bestes zu geben und das zu tun, was sie für richtig halten. Jeder Mensch folgt seinem Gewissen, sofern er nicht darüber hinausgewachsen ist. Es geht nur um die Entwicklung unseres Bewusstseins. Das aber ist eine höchst individuelle Angelegenheit.

Zum Inneren Kind finden kann jeder von uns nur aus eigener Initiative und in eigener Verantwortung.

5. Mai 2014

Der Stolz ist mächtiger

Vor einigen Tagen bin ich zufällig einem Freund begegnet. Er war wieder einmal mit seiner Mutter zu Besuch in der Stadt. Sie ist neunundachtzig. In zwei früheren kurzen Begegnungen mit ihr, die letzte vor über einem Jahr, hatte sie mir einiges von sich erzählt. Diesmal etwas ausführlicher: Ihre Leidensgeschichte unter dem Nazi-Regime und ihre Flucht. Was mich erstaunte: Sie erinnerte sich an meinen Namen. Insgesamt hatte ich in dem Gespräch den Eindruck, dass diese Frau hellwach war und über ihr Gedächtnis voll verfügen konnte.

Durch Beobachtung älterer Menschen kam ich zu dem Schluss, dass der Gedächtnisverlust im Alter einem Verdrängungswettbewerb gleicht. Menschen, die Ereignisse oder Einsichten ins Leben weggeschoben haben, haben diese allmählich so weit verdrängt, dass die Erinnerung daran und an alles, was damit in Zusammenhang steht, gänzlich ausgelöscht ist. Friedrich Nietzsche hat es irgendwo in seinen Schriften so dargestellt, dass sich unser Stolz dagegenstellt, dass etwas, das uns unangenehm ist, so gewesen sein soll, wie es unserer Wahrnehmung entspricht und dass der Stolz hartnäckig ist und sich schließlich gegenüber dem Gedächtnis durchsetzt. In der älteren Frau, der ich gestern begegnet bin, war keine Spur von Stolz zu erkennen.

Alle Themen anzuschauen und aufzuarbeiten, die uns irgendwann im Leben in die Quere gekommen sind, vermittelt uns nicht nur unsere ursprüngliche Qualität des

Kind-Seins, es schützt uns auch vor Alzheimer-Erkrankung. Meistens genügt es, auf das uns berührende Thema entspannt hinzuschauen. Es verblasst und löst sich auf, sodass Friede in uns einkehren kann. Aber wir sollten damit nicht allzu lange warten. Mit zunehmendem Alter wird es schwieriger.

Die Kehrseite?
Alzheimer führt uns zum Wesentlichen.
Alles andere sollen wir vergessen.

6. Mai 2014

Danebenstehen

Was uns Menschen von allen anderen Kreaturen unterscheidet, ist die Fähigkeit zur Selbstreflexion. ☺ Wir können uns selbst beobachten.

Was mir bereits zur Gewohnheit geworden ist: Ich stelle mich gedanklich neben mich und frage mich, was der da neben mir eben getan hat. Noch einen Schritt weiter: Ich sehe mir selbst zu, zum Beispiel jetzt beim Schreiben dieses Textes. Wenn ich ein Buch lese und mich dabei ertappe, dass ich zwar lese, mit meinen Gedanken aber weit weg bin, fühle ich mich betroffen. Im nächsten Moment weiß ich nicht mehr, was ich gelesen habe. Dann schaltet sich mein Bewusstsein dazwischen und ich sehe mich selbst in dieser Situation. Mit einem Male bin ich hellwach und voll auf den Text, den ich gerade lese, konzentriert.

Was bei der Selbstbeobachtung passiert, nenne ich den Tausendfüßler-Effekt: Ich stelle mir vor, ich könnte einen Tausendfüßler fragen, wie er es schafft, seine Beine so koordiniert zu bewegen. Es ist ja eine wunderschön anzuschauende fließende Bewegung, wenn er so dahinläuft. Wenn der Tausendfüßler nachdenkt und sich selbst beobachtet, kommt er aus dem Tritt, weil seine Bewegungen unbewusst ablaufen und sein Bewusstsein gar nicht mitkommt. Er beginnt zu stolpern. Wenn er aber fleißig trainiert, kommt er wieder in seine fließende Bewegung, und obendrein ist ihm das sehr bewusst: Selbstbeobachtung ist ein Schlüssel zu höherem Bewusstsein.

In jungen Jahren habe ich mir gedacht, wie denn das mit verschiedenen Ansichten, besonders mit Fragen der Weltanschauung und des Glaubens, ist. Wenn mir jemand, der »es wissen muss«, die Eltern, die Lehrer in der Schule oder der Pfarrer in der Kirche, sagt, wie etwas zu verstehen sei, ich es aber in meiner kindlichen Naivität anders sehe – woran soll ich mich halten? Dann sagte ich mir, wenn es einen Gott gibt, der mich in diese Welt gesetzt hat, darf ich davon ausgehen, dass er mich mit allem ausgestattet hat, was ich brauche, um mich in dieser Welt zurechtzufinden, auch alles zu verstehen, was ich auf dieser Erde zum Leben brauche. Nur so kann ich Verantwortung für mich selbst übernehmen: Selbstbeobachtung ist ein Schlüssel zur Selbstverantwortung.

7. Mai 2014

Ernsthaftigkeit

In einem Vortrag wurde Folgendes behauptet: Wenn wir unser Gesicht zum Lächeln bringen – auch wenn uns gerade nicht danach ist – verbindet unser Gehirn diese Mimik mit einer positiven, fröhlichen Stimmung und schaltet entsprechend um. Ein freudiges Gefühl breitet sich in uns aus.

In einem Kurs hat uns die Leiterin wiederholt aufgefordert, zu lächeln. Mir kam das so gezwungen vor, dass ich es ablehnte. Ich wusste zwar, dass auch das aufgesetzte Lächeln eine entsprechende Stimmung in uns erzeugt, aber es wollte nicht aus mir heraus.

Da bekam ich einen Buchtipp: »Eselsweisheit« von Mirsakarim Norbekov. In dem Buch schreibt er, wie er selbst zum Lächeln »gezwungen« wurde. Und er beschreibt eine Übung, die körperlich anstrengend ist und bei der man durchgehend lächeln soll. Anfangs kostete es mich enorme Überwindung. Ich erinnerte mich an die Dynamische Meditation von Osho, bei der man nach intensiver Körper- und Atemarbeit die Arme fünfzehn Minuten hochgestreckt halten und dabei stillstehen soll. Das habe ich nie geschafft. In der jetzigen Situation sah ich mich meinem Körper gegenüber und sagte zu ihm: »Ich bestimme, wann die Arme heruntergleiten dürfen, und nicht du!« Ich habe es nicht nur geschafft, die Arme zehn Minuten hochgestreckt zu halten. Wenn ich während der Übung lächelte, fiel sie mir leichter. Und mit jeder Wiederholung gelang mir die Übung besser und das Lächeln durchflutete meinen ganzen Körper. Das Lächeln wurde selbstverständlich.

Hier habe ich erfahren, wie sehr mein Körper von angelernten Programmen bestimmt wird und wie ich ihn umprogrammieren oder Programme löschen kann. Auch Lächeln kann ein Programm sein. Jetzt verstehe ich auch die Kursleiterin, die mich zum Lächeln bringen wollte.

Jahre zuvor hat mich ein Kursleiter, der meine negative Grundstimmung – im Gegensatz zu mir selbst – bemerkt hatte, eingeladen, mich gegen die Wand zu hocken und folgenden Satz zu sagen: »Ich bin von Herzen ein glücklicher Mensch.« Ich sträubte mich und meinte, dass dieser Satz für mich nicht stimme. Darauf erwiderte er, dass er das wisse, doch solle ich den Satz mehrmals so einfach vor mich hin sagen. Ich hockte mich gegen die Wand und sagte halblaut vor mich hin: »Ich bin von Herzen ein glücklicher Mensch.« Mir kamen meine Lebensumstände, insbesondere meine geistig behinderte Tochter, unter und ich dachte: So ein blöder Satz. Ich wiederholte ihn. So ein komischer Satz, dachte ich. Ich sagte ihn nochmals, und nach mehrmaligem Wiederholen fand ich, dass dieser Satz auf mich zutrifft: »Ich bin von Herzen ein glücklicher Mensch!«

Vom Lächeln zum Lachen: Anlässlich eines mehrtägigen Aufenthalts in einem Selbsterfahrungsinstitut hatte ich die Gelegenheit, an einer Lach-Meditation teilzunehmen. Sie war Teil einer dreißigtägigen Arbeit, die als Mystic-Rose-Meditation bekannt ist: (1) die ersten zehn Tage jeweils zwei Stunden lachen, (2) die nächsten zehn Tage jeweils zwei Stunden weinen und dann (3) zehn Tage jeweils zwei Stunden schütteln.

Es fand sich mit mir eine Gruppe von etwa zwanzig Männern und Frauen, die wir an vier aufeinanderfolgenden Tagen jeweils zwei Stunden gemeinsam gelacht haben. Der Meditationsleiter hatte uns gewarnt: »Nach etwa zehn Minuten Lachen wird euch einiges aus eurem Leben, aus eurer Erfahrung oder einfach in eurer Vorstellung unterkommen, wonach euch nicht zum Lachen ist. Da müsst ihr weiterlachen!« Und es war wirklich so. Da hieß es hindurchgehen, lachen, auch wenn dir gar nicht danach zumute war!

Ich war erstaunt über das Ergebnis nach vier Tagen: Mein Realitätsbewusstsein hatte einen deutlichen Auftrieb erhalten. Ich war in meiner Ernsthaftigkeit angekommen.

8. Mai 2014

Vertrauen

Wir erblicken das Licht der Welt und sind voll Vertrauen. Dieses Vertrauen ist so sehr eins mit uns, dass wir gar nicht auf die Idee kommen, es könnte noch etwas anderes geben. Wir lassen uns in diese Welt hineinfallen, fraglos bereit. Wir spüren uns ganz, ein totales Körperbewusstsein. Wenn wir an der Mutterbrust saugen, sind wir total dabei. Unser ganzer Körper geht mit. Wenn uns etwas nicht behagt, schreien wir, unser ganzer Körper schreit. Wenn wir die Nähe unserer Mutter spüren, sind wir total entspannt. Wir sind einfach da, voll Vertrauen. Wir nennen dieses Vertrauen Urvertrauen.

Glücklich der Mensch, dem dieses Urvertrauen nicht abhanden gekommen ist und durch »Glauben« ersetzt wurde. Wir haben in diesem Vertrauen alles hingenommen. Was uns gesagt wurde, haben wir geglaubt. Mein Großvater hat mir einen Satz gesagt, der mich aufhorchen ließ: »Glauben heißt, etwas für wahr halten, was ich nicht weiß.« Dem Glauben steht also das Wissen gegenüber. Wenn ich etwas weiß, muss ich es nicht mehr glauben. Das heißt, wenn mir jemand etwas sagt, werde ich ihm glauben, wenn ich ihm vertraue. Hinter jedem Glauben steht also Vertrauen.

Wenn ich für mich selbst die Verantwortung übernehmen will, muss ich das, was mir gesagt wird, auf seine Richtigkeit überprüfen. Wenn es für mich nicht von Bedeutung ist, kann ich es auch auf sich beruhen lassen. Je mehr ich von dem, was mir gesagt wurde, auf seine Richtigkeit überprüft und damit meinen Glauben durch Wissen ersetzt habe, umso mehr kann ich in meine Verantwortung eintreten, umso erwachsener bin ich. Glauben steht der Verantwortung entgegen.

Wenn Jesus in der Bibel zum Geheilten sagt: »Dein Glaube hat dir geholfen«, dann müsste es heißen: »Dein (Selbst-) Vertrauen hat dir geholfen«. Wenn wir sagen: »Du hast an dich geglaubt«, dann meinen wir eigentlich Selbstvertrauen.

Später wird in dieses »Glauben« hineingepackt, was uns nicht zugänglich ist, nämlich alles, was mit dem Jenseits, mit dem Überirdischen, mit der geistigen Welt zu tun hat. Der Nährboden für die Esoterik ist gelegt.

Glauben findet auf zwei Ebenen statt. Die eine Ebene nenne ich die irdische: Wir glauben einer anderen Person, dass das, was sie sagt, stimmt. Die andere Ebene bezeichne ich als die überirdische: Wir glauben etwas, was nicht nachvollziehbar, nicht überprüfbar ist. Begonnen hat es allerdings damit, dass uns, als wir noch Kinder und unerfahren waren, ein Mensch, der es ja wissen musste, weil er erwachsen und lebenserfahren war, etwas mitteilte. Wir vertrauten ihm, also glaubten wir das von ihm Gesagte. Wenn wir nachgefragt hätten, woher dieser andere Mensch sein Wissen hat, hätte er einräumen müssen, dass er es selbst nicht weiß und auch nicht mehr weiß, wer ihm das gesagt hat. Dann sagt er: »Das musst du glauben.« Andernfalls ist er entrüstet und sagt möglicherweise mit einem Unterton des Vorwurfs: »Zweifelst du etwa an dem, was ich dir sage?« und weckt Schuldgefühle in uns. In Wirklichkeit manövriert er sich nur an seinen Schuldgefühlen vorbei, weil seine Vorstellung in ihm tief verankert ist.

Die Kehrseite des Glaubens ist der Zweifel. Wer viel glaubt, zweifelt ebenso viel. Der sogenannte gläubige

Mensch hat seine Zweifel verdrängt. Er kann doch nicht einräumen, dass er sich möglicherweise geirrt hat. Das lässt sein Stolz nicht zu. Alzheimer lässt grüßen!

9. Mai 2014

Todsünden

Stolz, Gier, Trägheit (des Herzens), Neid und wie sie noch alle heißen. Die Kirche lehrt sie, aber wo finden wir sie ursprünglich und was bedeuten sie?

In der Bibel sind sie nicht angeführt. Wenn wir alte Schriften studieren, werden wir fündig. Wir finden sie in der vorchristlichen, europäischen Kultur. Es handelt sich also um ein uraltes Wissen, das sich nicht auf die biblischen Propheten beruft. Die Wurzeln reichen weit zurück in graue Vorzeit.

Warum heißen sie Tod-Sünden? Wenn wir sie näher betrachten, fällt uns auf, dass diese Todsünden im Gegensatz zu den anderen, die aus einer Handlung folgen, eine innere Haltung betreffen. Die Todsünde ist ein Zustand, in dem sich jemand befindet. Wenn wir stolz, gierig, neidisch usw. sind, sind wir in diesem Zustand. Wenn wir uns das bewusst machen, können wir erkennen, dass wir in diesem Moment beziehungslos, von unserer Umwelt abgeschnitten sind. Wir sind »beziehungstot«. Weil wir aber nur in Beziehungen wirklich leben können, bedeuten die Todsünden unseren Tod. Wir sind in dieser Phase auch abgeschnitten von den Seins-Qualitäten: Liebe, Kraft, Wille und Mitgefühl. Die sind für uns in dem Moment nicht verfügbar, nicht vorhanden.

Was ist die Ursache dafür, dass wir in den Zustand einer Todsünde geraten? Was lässt uns stolz, gierig, neidisch usw. werden? Wenn wir gierig sind, haben wir Angst, zu wenig zu bekommen. Wenn wir neidisch sind, haben wir Angst, zurückgesetzt zu werden. Wenn wir stolz sind, haben wir Angst, übersehen zu werden. Der Motor jeder Todsünde ist Angst, ist Lebensangst. Wenn wir uns von unseren Todsünden (er)lösen wollen, müssen wir auf unsere Ängste schauen. Was geschieht, wenn wir diese Todsünde loslassen? Die Antwort ist in uns.

In jungen Jahren ist mir die Demut als erstrebenswert erschienen. Ich wollte die tiefste Demut erlangen, die nur möglich ist. Dann, so dachte ich, kann ich stolz darauf sein! So schien es mir ein nicht zu lösender Kreislauf zu sein: Ich will mich aus meinem Stolz durch intensive Demutsübung lösen – und lande wieder in meinem Stolz! Ein Kursleiter hat mir den befreienden Satz gesagt: »Wirklich demütig ist der, dem es wurst ist, dass er stolz ist!« Demütig sein heißt sich selbst anerkennen mit allen Fehlern und Schwächen und mit allen Fähigkeiten und Stärken! Demütig sein heißt, nicht makellos zu sein! So einfach war es, mir diese Einsicht mit einem Satz zu vermitteln.

Ich war wieder ein Stück weiter eingedrungen in die Erkenntnis, dass die Lösung in der Zustimmung liegt. Wenn ich dann auf die Angst schaue, die ich mit meinem Stolz verdeckt habe, und lange genug hinschaue und mich dabei entspanne und ruhig atme, dann verblasst sie und verschwindet.

10. Mai 2014

Missbrauch

Missbrauch findet überall statt: in den Familien, den Betrieben, vor Gericht, im persönlichen Umgang. Die Medien berichten uns täglich davon – und betreiben ihrerseits Missbrauch.

Es ist noch nicht allzu lange her, da wurden Kinder zur Arbeit missbraucht, mussten Tätigkeiten verrichten, für die sie noch nicht geeignet waren. Wenn auch nicht in dieser offenen Form: Kindesmissbrauch findet in unserer Gesellschaft vielfältig statt. Die sexuellen Übergriffe sind nur ein Teil, wenn auch einer der gravierendsten. Eltern missbrauchen ihr Kind, wenn sie Freunden zeigen wollen, was es schon alles kann. Was prägt sich dem Kind ein? Stolz. Und sie missbrauchen ihr Kind, wenn sie ihm einen Wunsch erfüllen, nur weil es lästig ist.

Wo lernen wir den Missbrauch kennen?

Der Missbrauch wurzelt tief in uns. Er hat uns schon erfasst, als wir noch keine Ahnung hatten, in frühester Kindheit. Wesentlichen Anteil daran haben die Religionen. Die christlichen Religionen beispielsweise benützen ihre Lehraussagen für eigene Machtinteressen, und das seit ihrer Gründung. Sie werden diesen Stachel niemals los. Wenn sie sich dazu bekennen, lösen sie sich auf. Wen wundert's, dass gerade dort der Missbrauch so schwerwiegend in Erscheinung tritt? Und wen wundert's, dass sich Kinder nicht zu sagen trauen, wenn sie missbraucht wurden? Es geschah ihnen doch just von denen, die eine »ultimative Wahrheit des

Lebens« vertreten, und die eigenen Eltern haben sie dorthin geschickt. Die wissen doch Bescheid!

Die Kirche beginnt so früh wie möglich, die Menschen in ihren Bann zu ziehen. Die Taufe gilt als Vorwand, damit das neugeborene Kind ein Kind Gottes sein kann. Die Gesellschaft macht mit: Sie drängt diejenigen, die nicht mitspielen, an den Rand. Da sind ihr im Gegenzug Randgruppen willkommen, um Parolen wie »Toleranz« auszugeben. Wenn es um ihre Interessen geht, kennen sie keinen Spielraum (=Toleranz). Jeder Missbrauch dient einem Machtanspruch. Einige wenige missbrauchen die Masse für ihre Ansprüche. Die Devise hat im alten Rom schon funktioniert: Brot und Spiele. Das Showbusiness ist ihr erster Diener.

Voll Stolz erzählte mir ein Freund von der Erstkommunionfeier seines Enkels. Die Begeisterung war noch zu hören, als er von der Predigt des Priesters sprach. Dieser hatte mit der Frage begonnen: »Was ist am 12. Juli (2014)?« An diesem Tag fand das Endspiel der Fußballweltmeisterschaft statt. Kinder und junge Menschen spricht das an. Sie sind begeistert. In diese Begeisterung hinein erzählt der Priester dann von einer anderen Wirklichkeit. Die Kinder fressen ihm aus der Hand, egal, was der jetzt erzählt. Als ich meinem Freund sagte, dass das Manipulation übler Sorte sei und an den Rattenfänger erinnere, war er mir böse und unterstellte mir Hass gegen die Kirche. Er hatte in seiner Begeisterung taube Ohren. Dabei machte der Priester mit den Kindern das gleiche wie Genosse Pawlow mit seinem Hund.

Um es insgesamt zu verstehen, müssen wir berücksichtigen, dass dies ein Prozess ist, in den die gesamte zivilisierte Welt involviert ist. Die gesellschaftlichen Institutionen missbrauchen ihre eigenen Regeln. Man braucht nur die richtigen Anwälte!

Die Kirche, die Religion ist unser großes Vorbild – für den Missbrauch. Sie dreht und wendet ihre Regeln nach ihrem Gutdünken. Für den, der ihr gehorsam dient, findet sie stets einen Weg, wenn es gilt, eine Lücke im Kirchenrecht zu finden, etwa um eine Ehe zu annullieren. Wenn Blinde Blinde führen, merkt es niemand. Wenn ich mich hier so vehement kritisch äußere, ist mir zugleich bewusst: Ich bin ein Teil der Kirche bzw. der Gesellschaft. Ihre Geschichte hat sich mir eingeprägt, auch wenn ich formal außerhalb stehe. Wenn ich also diesen Missbrauch anprangere, stehe ich selbst am Pranger.

Eine Lösung ist nur in Liebe möglich.

11. Mai 2014

Schlau

Wenn wir unser Kind-Sein wiedererlangen wollen, müssen wir konsequent daran arbeiten. Es genügt fürs Erste, dass wir den brennenden Wunsch danach in uns haben. Mit entsprechender Aufmerksamkeit ergibt sich dann alles von selbst. Dann begegnen wir den Menschen und kommen in die Situationen, die uns auf diesem Weg voranbringen. Ich habe zwar nicht stets darauf geachtet, aber im Unterbewusstsein war in mir dieses Verlangen stets präsent. Wann immer ich darüber etwas gelesen oder sonst wie erfahren habe, hat mich diese Qualität des unvoreingenommenen Kindes angesprochen und innerlich bewegt.

Wenn wir uns nun auf den Weg machen, blockiert uns die Gesellschaft. Sie will das nicht. Sie kann wache Kinder nicht brauchen. Die Gesellschaft braucht Schläfer. Jesus war nicht der Einzige, den es das Leben gekostet hat. Manch einer wurde, mit dem Etikett »geistig abnorm« versehen, für immer weggesperrt.

In früheren Zeiten haben sich diejenigen, die sich für den Weg des Aufwachens entschieden haben, selbst weggesperrt: in einen Aschram oder in ein Kloster. Fernab der Gesellschaft haben sie sich – Fakire auf dem Nagelbrett, Mönche in der mystischen Meditation, Yogis durch Gedankenkonzentration – einem Reinigungsprozess unterzogen, der sie von dem im Leben angehäuften Ballast befreit hat. Fakire haben das durch die Überwindung des körperlichen Schmerzes erreicht, Einsiedler, Mönche und später auch

Nonnen durch die Klärung ihrer Emotionen, und Yogis über die Konzentration der Gedanken mit Hilfe entsprechender Übungen. Alle drei Wege gehören der Vergangenheit an.

Zu Beginn des 20. Jahrhunderts wurde ein neuer Weg beschritten, der »Vierte Weg«. Man zieht sich nicht mehr zeitlebens aus dieser Welt zurück und verschwindet hinter Klostermauern oder in einem Aschram. Man begibt sich in eine »Schule des Vierten Weges«. Dort bleibt man ein paar Tage, Wochen, Monate oder vielleicht Jahre. In einer offenen, klaren und unbestechlichen Umgebung wird man unmittelbar mit sich selbst konfrontiert und bekommt entsprechende Angebote, an sich zu arbeiten. Über Erkenntnisse aus der Humanistischen Psychologie, zum Beispiel mit bioenergetischen Übungen oder durch holotropes Atmen, aber auch einfach, indem man in diesem Institut arbeitet, sind Entwicklungen und Fortschritte in ein, zwei Jahren möglich, die etwa ein Mönch sein ganzes Leben lang nicht erreicht hat. Diese »Schulen« sind unter anderem daran zu erkennen, dass man nur befristete Bindungen für die Dauer des Kurses bzw. des ebenfalls limitierten Aufenthaltes eingeht. Wer sich dort anhängen will, wird sanft, aber unmissverständlich hinauskomplimentiert.

Sich nicht gänzlich von dieser Welt abzukoppeln, hat einen weiteren Vorteil. Wir werden nicht weltfremd. Allerdings, weil wir für einige Zeit aus dem gesellschaftlichen Leben ausgestiegen sind und uns selbst im Spiegel gesehen haben, kehren wir als ein »anderer« zurück. Nun gilt es, die in der Abgeschiedenheit gewonnenen Erkenntnisse im Alltag umzusetzen. Aber jetzt ist uns die Gesellschaft fremd und wir sind es ihr. Sie versucht also, uns in diese gesellschaftliche Mühle hineinzuziehen, uns wieder gesellschaftsfähig zu machen. Wenn wir uns dagegenstellen, bekämpft sie uns bis aufs Blut, denn nun sind wir für sie eine Bedrohung. Die Welt, in der wir leben, hat sich mit einem Male ganz verändert. Wir sind nicht mehr von dieser Welt. Diese Diskrepanz zu überwinden, geht nur auf eine Weise: Wir müssen schlau sein. Aber in den paar Tagen oder Wochen, die wir aus dem Alltag herausgetreten sind, sind wir unserem Kind-Sein näher gekommen. Und Kinder sind doch schlau!

Dann gilt auch für uns: »Mitten unter uns steht er unerkannt.«

12. Mai 2014

Geheimlehre

Erfahrungen können nicht weitergegeben werden. Jeder Mensch macht seine eigenen. Aus den Erfahrungen resultieren Erkenntnisse und Einsichten. Wie ist es nun möglich, Wissen zu vermitteln, das auf Erkenntnissen und Einsichten beruht? Da funktionieren Erklären und Verstehen wie in der Mathematik oder Auswendiglernen wie ein Gedicht oder im Sachunterricht nicht.

Wissensvermittlung auf dem Erkenntnisweg geschieht geheim. Was heißt das? Geschieht das hinter verschlossenen Türen, wo niemand anderer dabei sein darf? Geheimlehre vollzieht sich im Inneren. Daher ist sie geheim. Nach außen hin kann sie in aller Öffentlichkeit geschehen. Vermittlung von Erkenntnissen und Einsichten geschieht über Aufgaben. Der Meister stellt dem Schüler eine Aufgabe. Das ist aber keine Schulaufgabe im herkömmlichen Sinne. Es handelt sich um eine Aufgabe, bei der die betroffene Person Überlegungen anstellen und findig sein muss, sodass sie im Wege der Lösung Erkenntnisse und Erfahrungen sammelt und neue Einsichten gewinnt. Die Aufgabe ist auf diese Einsichten ausgerichtet. Das ist die Kunst des Meisters. Welche Einsichten der Schüler tatsächlich gewinnt, bleibt dem Meister verborgen. Nur der Schüler kennt sie. Der Meister kann aber am Verhalten und an den Reaktionen des Schülers erkennen, dass dieser auf seinem Erkenntnisweg vorangekommen ist. Den erwartet nun die nächste Aufgabe.

Auf diese Weise ist es möglich, dass in einer Gruppe von zehn Personen vielleicht zwei die Aufgabe verstehen und erfüllen. Beide machen verschiedene Erfahrungen, jeweils ihre eigenen. Die anderen acht bleiben auf der Strecke. Auf sie wartet möglicherweise eine andere Gelegenheit. Der Lernprozess ist wertfrei. Es bedarf keiner Beurteilung im schulischen Sinn. Jeder geht seinen Weg und schreitet so voran, wie es seinem Schicksal, seinem Lebensplan entspricht.

13. Mai 2014

Das rechte Maß

Willst ein hohes Alter du erringen,
halte Maß in allen Dingen:
in Essen, Trinken, Freud und Leid,
in Arbeit, Ruh'- und Schlafenszeit.

Heraklit räumt bereits der Mäßigkeit, dem Maßhalten, einen hohen Stellenwert ein. In seinen Schriften findet sich auch, dass das rechte Maß zu finden eine der am schwersten zu erlangenden Tugenden sei. Wenn wir unser derzeitiges Gesellschaftsbild anschauen, sehen wir uns weit entfernt davon: Es fehlt nicht nur überall das rechte Maß, es wird auch alles getan, damit es uns nur ja nicht zu nahekommt.

Eigentlich wäre es leicht, das rechte Maß zu finden. Jede Situation, in der wir in eine Extremposition geraten, bietet uns dazu Gelegenheit – wenn wir uns dessen bewusst sind. Aber unser Wachstum kann nicht schnell genug voranschreiten. Um welches Wachstum geht es? Es geht um das Wachstum der Wirtschaft, nicht um unser geistiges Wachstum und damit um unser Erwachen. Und wozu wollen wir immer mehr? Weil es uns ständig eingeredet wird. Von wem? Von Leuten, denen es ebenfalls so mitgegeben wurde. Was ist die Reaktion? Wir fallen von einem Extrem ins andere, und das am laufenden Band. Wir essen zu viel, also fasten wir - damit wir dann wieder drauflos essen können. Die wachsenden Müllberge sind Zeugen dieses Übermaßes. Im Straßenverkehr genauso: Wir können nicht schnell genug ans Ziel kommen. Da geht es um Sekunden. Zu welchem Ziel eigentlich?

Weil sich alles nur noch ums Geschäft dreht und um neue Gewinnrekorde in Zahlen – nicht nur beim Spitzensport – greift eins ins andere. Besonders schlimm wird es dort, wo es unmittelbar um die zwischenmenschliche Begegnung geht. Vor etlichen Jahren wurden Homosexuelle noch ausgegrenzt, geächtet, exekutiert. Heute werden sie von den Medien und besonders von Politikern hofiert. Gleichgeschlechtliche Paare sollen ihre Partnerschaft leben und glücklich sein. Doch bei darüber hinausgehenden Entscheidungen scheint der politische Opportunismus die Feder zu führen.

Wenn ich versuche, mit einem homosexuellen Menschen mitzufühlen, dann erfahre ich tief sitzenden Schmerz, eine tiefe, ungestillte Sehnsucht, einen Schrei nach Erlösung, der sie veranlasst, sich zu outen. Was unsere Gesellschaft insgesamt und besonders in dieser Frage braucht, ist Empathie, jenseits von Show und Toleranz.

Ich habe das Wort »Toleranz« auf mich wirken lassen und bin zu dem Schluss gekommen, dass darin Verachtung zum Ausdruck kommt. Toleranz in der Technik ist ein zu definierender Spielraum. Der kann sehr eng oder aber sehr weit sein, je nach Erfordernis. Im zwischenmenschlichen Umgang ist es eine herablassende Geste: Der Tolerierende räumt dem anderen etwas ein, gestattet ihm etwas, mehr oder weniger Spielraum. Da ist kein Raum für Achtung. Das rechte Maß ist weit entfernt.

Ich sehe, dass diejenigen, die ihren Anspruch auf Toleranz geltend machen, oft nicht bereit sind, dies ihrerseits den anderen auch entgegenzubringen. Achtung und Respekt beruhen auf Gegenseitigkeit!

Politisches Kapital, schlechtes Gewissen und die Gier nach immer mehr sind die wichtigsten Motivationsfaktoren geworden. Das zeigt sich im Umgang mit Randgruppen und Migranten und besonders bei Spendenaktionen. Siehe »Licht ins Dunkel«. Da geht es doch bloß ums Ego?

Mich haben Extremerfahrungen zu mir zurückgeführt und mir das rechte Maß gezeigt. Ich bin noch nicht am Ziel. Was mir jedoch am meisten auf diesem Weg geholfen hat und weiterhilft, ist die stille Einkehr in mich selbst in der Meditation. Wenn ich dort in urteilsfreier Unbefangenheit in mir ruhe, finde ich mich in der Mitte und sehe auch das rechte Maß.

Mein Inneres Kind führt mich zum rechten Maß, weil seine Bedürfnisse echt sind. Und sein größtes Bedürfnis ist, einfach da zu sein.

14. Mai 2014

Strategische Provokation

Meistens führt Provokation dazu, dass jemand aus der Fassung kommt, dass er außer sich gerät und womöglich emotional heftig wird. Daher wird dieses Wort im allgemeinen Sprachgebrauch negativ interpretiert. Wenn wir es aber auf seine lateinische Sprachbedeutung zurückführen, dann heißt es schlicht und einfach (etwas) hervorrufen (= pro vocare). Dann bedeutet es auch, jemanden aus der Reserve zu locken, einen zurückhaltenden Menschen dazu zu bringen, dass er aus sich herausgeht.

Sehr erfolgreich wird die Provokation in der Gesprächstherapie angewandt. Menschen, die in ihren (gewohnheitsmäßigen) Problemen festsitzen, können auf diese Weise aus ihren eingefahrenen Mustern herausgelockt werden. Provokation ist ein Spezialgebiet der Hypnose bzw. der Hypnotherapie. Während bei der herkömmlichen Form der Klient in einen reduzierten Wachzustand versetzt wird, damit sein Bewusstsein und damit seine gewohnten, aber unliebsamen Muster unterlaufen werden können, ist es bei der Provokation der Überraschungseffekt, der den Widerstand gegen Veränderung durchbricht. Der Strategien gibt es viele: übertreiben, untertreiben, nicht zu Wort kommen lassen, als hoffnungslos hinstellen, den Nutzen des Problems aufzeigen, spiegeln, frei assoziieren …

In einem Kurs für arbeitslose Frauen, der über die Arbeitsmarktförderung finanziert war und in dem ich über Personalwesen referiert habe, fragte ich die Teilnehmerinnen nach ihren Erwartungen. Eine Frau, Mitte vierzig, gab mir zur Antwort: »Ich will dem Staat nicht zur Last fallen.« Ich dachte mir: »So eine brave Frau. Aber was sie sagt, klingt nicht authentisch. Das wirkt so aufgesetzt. Die will möglicherweise einfach gut dastehen.« Gesagt habe ich etwas in der Richtung, dass es doch angenehm sei, den Tag frei einteilen und genießen zu können, und habe dabei etwas übertrieben. Darauf erwiderte die Frau: »Ich war dreißig Jahre im Berufsleben und seit einem halben Jahr sitze ich zu Hause. Wissen sie, wie zermürbend das ist?« Eben hatte sie noch Schönfärberei betrieben. Jetzt waren wir auf den Punkt gekommen.

In einem Rhetorik-Kurs habe ich den Teilnehmern die strategische Provokation als Übung zur Erweiterung des persönlichen Repertoires vorgeschlagen. Zum Einstieg habe ich als Demonstration mit einem Teilnehmer ein Gespräch geführt und ihn gebeten, mir ein persönliches Problem zu schildern. Aufgrund seiner Darstellung wusste ich nicht recht, wo da wirklich ein Problem sein sollte. Ich wählte die Strategie der Übertreibung und bauschte das Problem mit allem, was mir spontan einfiel, auf. Nach zehn Minuten beendeten wir das Gespräch und ich fragte ihn, wie er es erlebt habe. Da meinte er, er habe in dem Gespräch erkannt, dass es eigentlich kein Problem sei. Hätte ich von Anfang an gesagt, dass ich da kein Problem sehe, hätte er sich höchstwahrscheinlich aufgelehnt und mir heftig widersprochen.

Zwei Strategien der Provokation liebe ich besonders. Die eine wird als 'Spiegeln' bezeichnet. Dabei übernimmt man Mimik, Gestik oder Sprechweise des Gesprächspartners bzw. Teilaspekte davon, eine auffällige Handhaltung oder -bewegung vielleicht. Merkt es die andere Person nicht, so entsteht ein Gleichklang, weil ich mich auf sie eingestellt habe. Fällt ihr mein Spiegeln auf, so ist sie irritiert und ändert ihr Verhalten. Sehr erfolgreich war ich mit diesem Vorgehen bei meiner behinderten Tochter. Wenn sie emotional ausgerastet ist, bin ich es mindestens ebenso heftig unter der Devise »Was du kannst, kann ich auch und noch viel besser als du.« Innerhalb von Sekunden stoppte sie ihren Ausbruch, schaute mich an und lachte.

Meine andere Lieblingsstrategie ist freies Assoziieren. Im Wesentlichen ist das ein Spiel mit Worten. In unserer Sprache gibt es viele Wörter mit mehreren Bedeutungen. Zum Beispiel kann das Wort »Arbeit« zum Beschreiben einer Tätigkeit, als Ausdruck großer Mühe, aus rechtlicher Sicht oder als physikalischer Begriff verwendet werden. Aus dem Zusammenhang einer Aussage erkennen wir meist die zutreffende Bedeutung. Wenn nun mein Gesprächspartner etwas sagt und dabei einen Begriff mit mehreren Bedeutungen verwendet, wobei jedoch klar ist, wie er hier zu verstehen ist, gebe ich diesem Begriff in meiner Erwiderung eine andere Bedeutung. Die Reaktionen sind dann vielfältig – von verwirrt über Richtigstellen bis hin zur Heiterkeit. Das freie Assoziieren fordert und fördert die Kreativität. Auch viele Sickerwitze spielen damit. Da kann man in einer Gruppe sehen, wer geistig am beweglichsten ist. Ebenso können Missverständnisse sehr schnell aufgeklärt werden. Aber: Ohne Humor geht gar nichts!

Ebenso spannend, ja bisweilen aufregend, wurde es für mich, als ich das freie Assoziieren auf Texte angewendet haben. Da wurden dann Bibelstellen, insbesondere die Evangelien, zu einer wahren Fundgrube der Erkenntnis. Bei manchen Stellen dachte ich, die kann man doch auch ganz anders verstehen, als es der Pfarrer in seiner Predigt bzw. die kirchliche Lehrmeinung tut! Bei der Überlegung, an welche

Interpretation ich mich nun halten soll, war es nicht nur die Frage nach der Eigenverantwortung, die mir auf die Sprünge half. Sehr zustatten kamen mir die Worte meines Mathematiklehrers in der Höheren Schule: »Stellen wir uns die Aufgabe gelöst vor«. Ich wandte diesen Satz auf die Überprüfung der einzelnen Bibelstellen an: Was kommt unterm Strich bei dieser oder jener Interpretation heraus? Und siehe, mir war auf kurzem Wege klar, woran ich mich künftig orientieren soll.

Eine offene Haltung, alles bisher Bekannte für eine Weile außer Acht zu lassen, hat mir dabei sehr geholfen. Auch hier war der Humor mein ständiger Begleiter.

Die Medizinmänner und -frauen der nordamerikanischen Indianer hatten unterschiedliche Fähigkeiten und Begabungen, ähnlich wie die Druiden bei den Kelten. Eine Besonderheit waren die Chiffoneti. Sie waren eine Art Clown, der sich über alles lustig machte. Wenn nun der Weisenrat für seinen Stamm eine neue Regel vorgeschlagen hat, hat sie der Chiffoneti durch den Kakao gezogen. Hat die neue Regel diese Provokation überlebt, dann hatte sie Bestand.

Eine ähnliche Rolle hatte bei uns im Mittelalter der Hofnarr am Königshof. Er musste sehr weise sein und hatte Narren-Freiheit.

Als Provokateur muss man sehr beweglich sein.
Als Provokateur braucht man Humor.
Provokateure sind Narren.
Provokateure sind den Kindern am nächsten.
Humor kommt aus dem Herzen.

15. Mai 2014

Freiheit

Heute ist ein Jahrestag: Vor 59 Jahren hat der damalige österreichische Außenminister Leopold Figl voll Stolz und mit großer Freude verkündet: »Österreich ist frei!«

Freiheit ist, zu erkennen, was uns Zwänge auferlegt.

Ich bin hineingeboren in eine Familie, in eine Gesellschaft, in eine Kultur, in ein System. Alle meine Strebungen, meine Entscheidungen, meine Handlungen, alles, was mir widerfährt, ist dadurch festgelegt. Da gibt es kein Entrinnen. Ich bin hier auf Erden ein Gefangener.

Was wir Freiheit nennen, ist einerseits, aus ganzheitlicher Sicht, eine Illusion. Andererseits ist Freiheit der Spielraum, den mir die Gesellschaft gewährt, zum Beispiel die Meinungsfreiheit, die Freiheit, mich frei zu bewegen oder einen Beruf zu ergreifen.

Wie kann ich nun damit umgehen, dass ich durch meine Herkunft, durch die Gesellschaft, durch ihre Einrichtungen, wie etwa die Religion, bestimmt bin? Im Gegensatz zur Pflanze kann ich den Platz, auf dem ich lebe, selbst wählen. Ich kann mich verändern, wenn mir ein anderer Ort besser zusagt bzw. entspricht. Im Gegensatz zum Tier kann ich mich selbst beobachten. Ich kann mir selbst zusehen. Ich kann überprüfen, ob mir etwas schadet oder dient. Ein Tier kann das vielleicht nur intuitiv.

Zuallererst kann ich meine Fähigkeit, mich selbst zu reflektieren, nützen. Das ist das Erste. Das Zweite ist die Einsicht, dass ich Zwängen ausgesetzt bin und mich denen füge. Das entspricht der fraglosen Bereitschaft, die eine existenzielle Realität ist. Wenn ich dem Lauf des Lebens folge, bin ich in der Kraft, die stärker und mächtiger ist als ich, ja so stark wie die ganze Menschheit. Je mehr es mir gelingt, mich darauf einzustellen, umso erfolgreicher verläuft mein Leben und umso gesünder bin ich. Vielleicht gewährt mir dann das Leben einen kleinen Spielraum. Dann fühle ich mich frei, auch wenn der nächste Tag, ja selbst die nächste Stunde für mich ungewiss ist. Dann lebe ich im Hier und Jetzt.

Wie steht es um die Willensfreiheit? Wenn Obiges zutrifft, ist es schlecht bestellt um sie. Sie gibt es nur im gesellschaftlich bestimmten Rahmen. Das ist aber dann in Wirklichkeit nicht Willens-, sondern Wahlfreiheit. Auf mich selbst bezogen ist sie auch nur eine Illusion. Denn was ich wähle, wofür ich mich entscheide, bestimmen die Parameter, und die sind vorgegeben durch meine Motivationsstruktur, durch mein Wissen oder Unwissen, durch mein Gewissen, meine Möglichkeiten sowie durch die Faktoren aus dem Umfeld der jeweiligen Situation.

Darüber hinaus ist das Wort »Willensfreiheit« schon in sich widersprüchlich. Denn Wille und Freiheit passen nicht zusammen. Wille ist eine Qualität des Seins und drückt sich aus im Da-Sein. Je mehr ich mir meines Da-Seins bewusst bin, umso mehr bin ich in meinem Willen. Dazu kommt die Vermischung von Wille, Wollen und Wahl.

Die Freiheit: siehe oben.

16. Mai 2014

Rebirthing

Wiedergeboren werden – neugeboren werden.

Nach jeder holotropen Atemsitzung fühlte ich mich wie neugeboren. Das deshalb, weil dabei jedes Mal Spuren belastender, schmerzhafter oder traumatischer Ereignisse in meinem Leben aufgelöst wurden. Anfangs habe ich noch erfasst, um welche Kindheitserfahrung es ging. Der Lösungsprozess war auch heftig. Fortschreitend aber habe ich nur bemerkt, dass sich wieder etwas gelöst hatte, aufgrund der Leichtigkeit, die mich hinterher umfing. Dabei wurde ich von Rebirthing-Spezialisten begleitet. Wie vielleicht nicht allgemein bekannt ist, ist die Geburt unser körperlich anspruchsvollstes Erlebnis. Es führt uns an die Grenzen unserer Belastbarkeit. Dazu kommt die Umstellung von der Sauerstoffversorgung und der Ernährung über die Nabelschnur zur Lungenatmung und zur Nahrungsaufnahme über das eigene Verdauungssystem.

Rebirthing gibt uns die Möglichkeit, unsere eigene Geburt noch einmal zu erleben und dabei beeinträchtigende oder gar traumatische Ereignisse aufzulösen. Wir fühlen uns hinterher wie neugeboren. Das ist etwas anderes als Reinkarnation. (Inkarnieren kommt aus dem Lateinischen und bedeutet »Fleisch werden«.) Bei der Reinkarnation gehen wir davon aus, dass etwas, was schon einmal hier auf Erden »Fleisch geworden« war, noch einmal kommt. Ich sage bewusst »etwas« und nicht »jemand«.

Ich habe selbst Rückführungen in die Zeit vor meiner Geburt erfahren. Menschen, die sich damit beschäftigen, gehen davon aus, dass wir wiederholt auf die Erde kommen, um uns – seelisch – weiterzuentwickeln, bis wir vollendet sind (was immer das auch heißen mag). Ich konnte das nicht auf die Reihe bringen, es machte für mich keinen Sinn. Wie soll das vonstattengehen, wenn wir mit dem Tod in die Raum- und Zeitlosigkeit wechseln? Werden wir wieder »eingesammelt«? Zudem entsteht das Ich erst durch unsere Bewusstwerdung. Es passt also in unsere Vorstellung, nicht aber in die Wirklichkeit. Von einem Rückführungs-Spezialisten erhielt ich die Antwort: Er begleitet seine Klienten zurück in die eigene Geburt. Sobald der Klient im Verlauf der eigenen Geburt an eine Blockade kommt, führt ihn diese unmittelbar zurück in ein früheres Leben hier auf Erden. Das war für mich die Lösung: Nicht die Person selbst war schon einmal hier auf Erden. Sie hat einen nicht gelösten Seelenanteil von einer anderen Person übernommen, die früher hier auf Erden war. Wir bekommen also solche Anteile während unserer Geburt »draufgepackt«. Das macht Sinn, vor allem im Zusammenhang damit, dass die Seele allumfassend ist und wir in ihr drinnen sind. Nicht die Seele ist in uns, wir sind in der Seele.

Noch eine Richtigstellung: Der Begriff Reinkarnationstherapie ist formal nicht zutreffend. Weder wird eine Inkarnation therapiert noch dient die Reinkarnation der Therapie. Was hier geschieht, ist eine Rückführung. Nun ist aber praktisch jede Psychotherapie eine Rückführung: Wenn mich etwas seelisch belastet, hat es mit einem früheren Ereignis zu tun. Ich entspanne mich, begebe mich in eine Wohlfühlsituation und gehe in Begleitung zurück zur Ursache. Aus der neuen Sicht kann sich der Knoten lösen. Wenn ich mich an die ursprüngliche Situation nicht mehr erinnere, hilft mir die Rückführung zu einer neuen Einsicht in meine gegenwärtige Situation und damit auch zur Lösung. So ist es auch mit Seelenanteilen aus früheren Leben. Wenn wir den Zusammenhang zwischen damals und jetzt erkennen, können wir uns lösen, wir können diesen Anteil, diese Seele erlösen! Wichtig ist, dass wir uns mit dieser »alten Geschichte« aussöhnen und sie in Frieden dort lassen können, wo sie hingehört. Wenn wir den Seelenanteil in unser Herz nehmen, findet er seine Ruhe. Es ist nicht erforderlich und meistens auch nicht gut, wenn wir in der Vergangenheit nachforschen, was damals wirklich war.

Vor etlichen Jahren ließ ich mich zurückführen in die Zeit vor meiner Geburt. Ich kam in eine kahle Landschaft, wo außer mir kein Lebewesen, auch keine Pflanze, nur kahler Felsen war. Alles um mich herum war wüst und leer. Ich dachte sogleich an den Schöpfungsbericht in der Bibel: »Die Erde war wüst und leer« *(Gen 1,2)*. Also war ich immer schon da, seit Anbeginn der Schöpfung. Fein! Vor drei Jahren blätterte ich das Heft eines Reisebüros durch, das Trekking-Touren rund um den Erdball anbietet und bei dem ich schon zweimal eine Tour gebucht hatte. Meine Aufmerksamkeit fiel auf ein Angebot in Island. Beim Durchsehen fiel mir ein Landschaftsbild auf: nur karger Felsen. Ich buchte diese Reise. In Island angekommen, war mir vieles vertraut: die Vulkane, die Heidelandschaft, die Gletscher und natürlich die kahlen Höhenrücken. Beim Wandern fühlte ich mich dort zu Hause. Bereits in der zweiten oder dritten Nacht hatte ich einen Traum: »Ich stand vor Gericht. Das war ein Platz in freier Natur, und viele Menschen standen da in ihrer Alltagskleidung. Es war wie seinerzeit im Allthing. Ich war des Mordes an einem Manne angeklagt. Nur diese eine Szene. Kein Vorher und kein Hinweis, was dort mit mir geschah. Ich hatte lediglich ein ahnendes Gefühl, dass ich jemanden umgebracht hatte, der in der Gemeinschaft keinen Platz mehr hatte. Also war es Selbstjustiz.«

Ich fragte nach und kam in Island auf sogenannte Outlaws, Menschen, die sich außerhalb des Gesetzes bewegt hatten. Ein sehr bekannter Viehdieb wurde allerdings nie gefasst. Nach anfänglichen Nachforschungen dachte ich: Warum soll ich in der Geschichte kramen? Was war, darf auch gewesen sein. Wenn sich dieser Seelenanteil in mir wiederfindet, wurde er nicht ausgesöhnt. Ich nahm ihn in mein Herz, dort fand er endlich seine wohlverdiente Ruhe.

Die Vorstellung einer wiederholten persönlichen Rückkehr auf die Erde ist sehr alt und sehr verlockend. Gibt sie uns doch als Individuen besondere Bedeutung. Sie deckt all unsere Neurosen zu! Wenn uns die Idee der Wiederkehr einmal eingefangen hat, trennen wir uns nur schwer von ihr. Sie gaukelt uns auch vor, wir müssten so lange auf die Erde kommen, bis alle unsere Schatten aufgelöst sind. Andererseits verführt sie uns dazu, Anstehendes aufzuschieben: Das nehm ich mir im nächsten Leben vor! Ein nächstes Leben gibt es aber nicht. Wir sind nur einmal hier, und zwar jetzt. Wenn wir unser Dasein begriffen haben, dann wissen wir, dass sich jeder Schatten auflöst, sobald er erkannt ist. Es bedarf also keines Aufschubs! Wichtig ist es, zu wissen, dass wir in ein großes Ganzes eingebettet sind, worin wir im ständigen Austausch unseren Platz und unseren Anteil haben.

Wenn unser Körper stirbt, so hinterlässt er Spuren, nicht nur im Bewusstsein der Hinterbliebenen. Sie bleiben zurück als Schwingung, die sich, wenn die Zeit dafür reif ist, in einem anderen Körper wiederfindet. Das nennen wir die karmische Verstrickung. Im Wesentlichen sind es ungelöste Schatten, die auf eine Weiterführung bis zur Erlösung drängen. Die Lösung dieser Schatten im Augenblick des Sterbens ist der tiefere Sinn der Totenrituale. Es sind nicht nur die Begräbniszeremonien in unserer Heimat. Wir finden Ähnliches rund um den Erdball in den verschiedensten Kulturen. Zum Beispiel das Tibetische Totenbuch – der Originaltitel im Tibetischen heißt wörtlich übersetzt »Das Buch von den Übergängen« – stellt das sehr umfassend dar.

Wir begegnen den Toten mit Respekt und Achtung, unabhängig davon, welches Leben sie geführt haben und was ihr Schicksal war.

Die Toten haben zwei Wünsche an die hier auf Erden Lebenden: Sie wünschen sich, dass es uns Lebenden gut gehen möge und sie wollen ihre (wohlverdiente, ewige) Ruhe haben. Das liegt in unserer Verantwortung.

Erst wenn die Toten ihre Ruhe gefunden haben,
geht es uns gut.
Alle Toten.
Ausnahmslos.

17. Mai 2014

Das Gewissen

Die gleiche Tat, die einer für richtig hält und vehement verteidigt, lehnen andere ab und bekämpfen sie sogar. Wie kommt das? Als Kinder noch, wenn wir keine Ahnung haben, wird uns erklärt, was für uns gilt und was tabu ist. Wir nehmen es für bare Münze, weil wir den Älteren vertrauen, dass eines richtig ist und ein anderes falsch. Sie gaben uns das Leben und sie sorgen auch für uns: die Eltern und alle, die in ihren Diensten stehen. Weil wir dazugehören wollen, ja weil die Zugehörigkeit uns Sicherheit und Überleben garantiert, halten wir uns streng an ihre Regeln. Viel tiefer als die in Worte gefassten Werte sind die unausgesprochenen, die sie uns durch ihr Tun vermitteln, durch die sie uns ihr Beispiel geben.

Wenn wir uns daran halten und tun, wie es den Regeln unseres Systems entspricht, fühlen wir uns zugehörig, sicher und im Recht. Uns trägt ein Gefühl der Unschuld und des Wohlbefindens. Das gilt auch für Handlungen, die uns an Leib und Seele schaden, die unseren Ruin, Krankheit und Tod zur Folge haben. Aus Liebe zu den Angehörigen nehmen wir diese Konsequenz bedingungslos in Kauf.

Sobald wir uns aber gegen diese vorgelebten Normen stellen, befinden wir uns auf unsicherem Boden. Uns droht die Gefahr, dass wir von der Familie, der Gruppe ausgeschlossen werden und unsere Zugehörigkeit verlieren. Wir haben Angst und fühlen uns schuldig. Die Drohung muss nicht offen ausgesprochen werden. Das gilt auch dann, wenn wir den geschützten Rahmen zu unserem eigenen Glück und für unsere eigene Gesundheit verlassen wollen. Die Regeln und die Normen haben wir, verpackt in die Fürsorge, gleichsam an der Mutterbrust in uns aufgenommen.

Um unsere Zugehörigkeit zu bestätigen und zu bekräftigen, verteidigen wir diese Regeln unseres Systems und geben sie an andere weiter. Wir sind endgültig Gefangene unseres Gewissens. Im Namen des Gewissens tun wir alles: wir stehlen, lügen, morden, betrügen und vernichten, was unserer Wirklichkeit entgegenläuft. Aus Gewissensnot sind wir korrupt, sind wir bestechlich. Ohne es zu merken, haben wir uns vom Leben entfremdet. Um zu überleben, gehen wir Kompromisse ein.

Erwachsen werden bedeutet, diesen Rahmen zu verlassen, uns über das Gewissen, das uns sagt, was richtig ist und was entgegensteht, zu erheben. Wir müssen uns von diesem Gewissen lösen. Wie? In Liebe und in Achtung und Respekt vor denen, die uns dieses Gewissen aufgebürdet haben. Dann können wir unterscheiden zwischen fixen, unverrückbaren Regeln einerseits und Gegebenheiten, die der jeweiligen Situation entsprechen, andererseits.

Wir gehen zurück an jenen Punkt in unserem Leben, da wir noch frei von Urteilen waren. Das ist nicht leicht, weil die Erinnerung verblasst ist. Die Eingliederung ins System begann spätestens unmittelbar nach unserer Geburt. Wir setzen also dort an, wo für uns dieser Prozess des Vereinnahmt-Seins noch nicht vollendet war, wo uns die Erinnerung zu Hilfe kommt, dass etwas doch nicht so zu sehen ist, wie es uns vorgelebt wurde. Nun ordnen wir für uns die Werte neu.

Ich erinnere mich zum Beispiel an Situationen in meiner frühen Kindheit, wo mir etwas gesagt wurde, was ich beim besten Willen nicht verstanden habe. Es wurde mir auch auf mein Fragen hin nicht erklärt. Dem bin ich in späteren Jahren nachgegangen und habe entdeckt, dass manches damit in Verbindung Stehende nun nicht mehr so wie früher war. Zunächst fühlte ich mich auf unsicheren Beinen stehend, doch bald merkte ich, dass das nur Gewohnheit war, die mit der Zeit verschwand, und Schritt für Schritt fühlte ich mich erleichtert und lebendig – und befreit.

Als ich nun wusste, dass die Wirklichkeit nicht dem in allen Punkten entspricht, wie sie mir erklärt und vorgelebt wurde, ging ich auf Entdeckungsreisen. Manchmal drehte ich die eine oder andere Ansicht um ins Gegenteil und prüfte, was nun geschehen würde. Junge Menschen tun das gewöhnlich in ihrer pubertären Phase. Wenn es ihnen aber nicht gelingt, diesen nun auftretenden Konflikt zu lösen, bleiben sie dort stecken – ein Leben lang.

Sehr hilfreich ist es, in jungen Jahren alleine in die Fremde zu gehen. Wenn wir uns so den Regeln und Normen anderer stellen müssen, lernen wir entweder damit umzugehen oder wir gehen unter. Beides führt uns weiter. Wenn wir dann wieder nach Hause kommen, sehen wir den Unterschied. Wir lernen unseren eigenen Standpunkt zu relativieren, wir werden offener für andere und innerlich frei und leicht.

Wer Normen hat, die ihm verbieten, sich anderen zu öffnen, hat es schwer. Wer in seinen Regeln mitverpackt hat, den anderen zu sehen, wie er ist, dem fällt es leichter. Damit wir uns also aus den Zwängen unserer Herkunft lösen können, müssen wir sie sehen. Das gelingt uns eher im geschützten Rahmen eines entsprechenden Kurses unter fachkundiger Leitung, wo wir an unsere eigenen Grenzen geführt werden. Wenn nicht, stößt uns das Leben dorthin, und das ist hart und rücksichtslos.

Wer diesen Weg heraus nicht findet, bleibt entweder seinem Gewissen verhaftet und verkümmert oder er wird skrupellos und geht gewissenlos über Leichen. Die in ihrem Gewissen Verhafteten siedeln sich in den Hierarchien unten an. Sie bilden das Fußvolk in der Gesellschaft, in der Politik, in den Betrieben, als Soldat beim Heer und als gläubiges Kirchenvolk in den Religionen. Die Gewissenlosen steigen in den Hierarchien auf: in der Gesellschaft, in der Politik, in den Betrieben als Vorstandsdirektoren erst und später dann als Aufsichtsräte, als Offiziere beim Heer und als Oberhirten in den Religionen.

Wo sind nun die geblieben, die über ihr Gewissen hinausgewachsen sind? Einige, die das Hickhack der Gewissenlosen umgehen konnten, finden wir eher in Klein- und Mittelbetrieben und in manchen NGOs sowie in privaten Vereinen. Viele lassen sich in Hierarchien nicht mehr einbinden.

Das Gewissen lässt uns im Geiste erstarren.

Es ist unabdingbar, dass wir daran arbeiten, uns zu öffnen.

18. Mai 2014

Selbstbewusstsein

Wenn wir von Selbstbewusstsein reden, was meinen wir? Wir bezeichnen oft einen Menschen, der forsch auftritt, als selbstbewusst. Ist er das wirklich? Überspielt er nicht seine Unsicherheit? Wenn er sich jahrzehntelang darin geübt hat, ist seine Unsicherheit kaum noch zu erkennen. Doch sie bleibt verdeckt bestehen. Unsicherheit hat in ihrem Ausdruck zwei Pole: Der eine Mensch will sich am liebsten verstecken und verkriechen, der andere tritt polternd auf.

Wahres Selbstbewusstsein steckt im Wort: Selbst-Bewusstsein. Die zentrale Lebensfrage ist: Wer bin ich? Bin ich mir meiner selbst bewusst? Kenne ich mich, kenne ich meine Stärken und Schwächen? Wie stehe ich dazu? Kann ich zu mir selbst, so wie ich bin, Ja sagen, bedingungslos?

Wenn mir ein Mensch sagt, dass es ihm an Selbstbewusstsein mangle, frage ich ihn nach der Beziehung zu seinen Eltern. Die ist meistens schwer gestört. Warum? Alles, was wir sind, sind wir aus unseren Eltern. Sie bilden unsere Wurzeln. Wenn wir unsere Wurzeln anerkennen, können wir uns selbst anerkennen, so wie wir sind. So einfach ist es.

☺ Der erste Schritt ist also, dass wir auf unsere Eltern schauen und ihnen für unser Leben danken – unabhängig davon welche Menschen sie sind oder waren. Ihr Charakter, ihre Lebensweise, ihr Umgang mit uns und mit anderen spielt keine Rolle. Das gehört zu ihrem Schicksal, in das wir uns nicht einmischen dürfen. Es geht nur darum, dass wir das Leben, wie es von ihnen kommt, annehmen, dankbar annehmen. Dann stehen sie – im Geiste – hinter uns und stärken uns den Rücken – physisch und psychisch. Dabei geht es nur um das Verändern oder Löschen innerer Bilder.

Wir alle sind Kinder – unserer Eltern.

Das ist es.

19. Mai 2014

Gesundheit und Krankheit

Jede Krankheit ist in ihrem Wesen ein Heilungsprozess. Das heißt, dass die Krankheit auf eine bereits vorhandene Störung hinweist, uns aufmerksam machen will. Wenn wir diese Störung nicht aufspüren, findet keine Heilung statt.

Das heißt auch, dass ein Kind in seiner unbekümmerten Ursprünglichkeit nicht krank ist und dass Heilung bedeutet, dieses Kind-Sein wiederzuerlangen.

Wo wird ein Kind krank? In seiner Herkunftsfamilie. Also ist es Sache der Eltern, bei sich nachzuschauen, was mangelt bzw. was gestört ist, und die Lösung bzw. die Heilung zu finden.

Manchmal ist das ganze Familiensystem von einer Störung betroffen und ein Kind – in der Regel das sensibelste – wird krank, es wird zum Symptom-Träger.

Der Weg in das eigene Kind-Sein ist ein Weg der Heilung im umfassenden Sinn.

Wenn wir Krankheit als Ausdruck einer Störung sehen, ist sie für uns ein Hinweis. Dabei müssen wir beides im Blick haben: uns selbst und das System, dem wir angehören. Dann ist der erste Schritt zu unserer Gesundheit die Dankbarkeit für diesen Hinweis.

Was hilft uns dabei?

Aufmerksamkeit und Wachheit.

Manchmal ist eine Heilung im Physischen nicht mehr möglich. Welchen Sinn hat es dann, die Ursache der Störung aufzuspüren? Wenn wir den Entstehungshintergrund unserer Krankheit sehen und verstehen, können wir sie mit Würde tragen. Dann schwindet jeder Groll und jeder Hader mit dem Schicksal, weil wir uns fügen können. Die Krankheit verliert ihre Schwere, und für die Zeit, die uns noch bleibt, ertragen wir sie dann leichter.

20. Mai 2014

Emanzipation

Sie ist zum Schlagwort für die Gleichberechtigung der Frau in unserer Gesellschaft geworden. Plötzlich werde ich stutzig. Ein Schlag-Wort. Ich halte inne: Ja, es ist ein Schlag-Wort. Die Frauen schlagen – zurück.

Das Patriarchat ist überreizt. Es hat ausgedient. Im Niedergang des Patriarchats haben die Männer die Frauen geschlagen. Ich gewinne den Eindruck, dass es jetzt zurückkommt. Ist das die Gleichberechtigung? Und wer steht bei den Frauen in vorderster Front: militante Emanzen. Wie reagieren die Männer? Sie ziehen sich zurück.

Die Lösung steht noch aus. Frauenministerien können es nicht sein, sprachkosmetische Operationen schon gar nicht.

Lösungen sind nur in Liebe möglich: Männer müssen erkennen, dass schlagen nichts mit Männlichkeit zu tun hat, sondern eine Handlung aus Hilflosigkeit ist. Frauen müssen aufhören, sich bei den Männern für das zu rächen, was ihnen ihre Väter und Großväter angetan haben: Innehalten.

Wenn die Männer auf die Frauen und die Frauen auf die Männer hinschauen, einfach wertfrei hinschauen, zunächst einmal nur betrachten und auf sich wirken lassen, wenn sie dann ihr Herz öffnen, beginnt die Gleichberechtigung, dann haben sich beide Seiten emanzipiert.

Die Lösung liegt meines Erachtens nicht in einer Erweiterung der gesellschaftlichen Bedingungen für eine Emanzipation. Wahrscheinlich braucht es noch Ergänzungen. Was fehlt, ist Selbstbewusstsein. Das kann aber nicht verordnet werden. Das fällt in die Eigenverantwortung jedes einzelnen, jeder Frau und jedes Mannes. Wenn wir in Länder schauen, in denen die Emanzipation bereits etabliert ist, sehen wir den Unterschied. Dort wird nicht an einer nicht mehr zeitgemäßen Bundeshymne herumgedoktert.

Im Jahr 2005 war ich auf einem Kongress in Köln. Die Frau Bürgermeister hat diesen Kongress eröffnet. Sie begann ihre Begrüßungsworte mit der Anrede »Sehr geehrte Herren, sehr geehrte Damen«.

Seither warte ich auf weitere Beispiele.

21. Mai 2014

De Sacramento

Was ist ein Sakrament? Was will jemand ausdrücken, wenn er »Sakrament!« sagt?

Den Kirchen sind die Sakramente besonders heilig. Letztlich dreht sich alles um sie. Sie sind Priestern vorbehalten, auch wenn diese nicht alle spenden. Es mutet so willkürlich an, genau sieben zu definieren. 7 ist die Zahl der Zeit. Die Woche hat sieben Tage. 7 ist die Zahl der Vollkommenheit. Taufe, Sünden vergeben, Firmung, Ehe, Eucharistie, Krankenölung und Priesterweihe; die Kirche führt sie auf ihren authentischen Ursprung zurück. Und: Ohne Priester geht gar nichts!

Ist das wirklich so?

- Zur Taufe: Sind wir nicht durch unsere bloße Existenz von Anbeginn Kinder Gottes? Ist das Taufritual nicht in Wirklichkeit eine zwanghafte Einbindung in eine Verschwörungsgemeinschaft? Es ist der offizielle Beginn der Entmündigung.
- Zur Beichte: »Wem ihr die Sünden vergebt, dem sind sie vergeben, und wem ihr sie nicht vergebt, dem bleiben sie unvergeben« *(Joh 20,23)*. Daraus ist für mich nicht ersichtlich, dass das nur für Auserwählte gilt. Für mich fällt es in meine ureigene Verantwortung und Kompetenz.
- Zur Firmung: Jetzt wollen wir dich ganz vereinnahmen – mit dem Ritterschlag – ins Gesicht!
- Zur Ehe: In einem Punkt hat die Kirche recht: Die Ehe

ist, wenn sie vollzogen ist, unauflöslich. Wenn sich Mann und Frau geschlechtlich vereinigen, sind sie für immer miteinander verbunden. Das heißt aber nicht, dass sie lebenslänglich in Partnerschaft leben müssen! Wenn sie sich trennen, bleibt die Bindung – im Herzen. Wenn der Mann der Frau und die Frau dem Mann einen Platz im eigenen Herzen gibt, können sie ihr Leben gut weiterführen, und spätere Partnerschaften gelingen. Und die wirklichen Spender dieses Sakraments sind die Partner selbst – nur sie.

- Zur Eucharistie: Das zentrale Thema ist die Wandlung von Brot und Wein in Leib und Blut Christi. Die katholische Kirche nennt das Transsubstantiation. Brot und Wein werden durch die Wandlungsworte des Priesters gewandelt. Meine Kinderseele sieht das anders: Indem ich Brot und Wein mit anderen teile und mit ihnen gemeinsam im Andenken an Jesus, den Christus, offenen Herzens zu mir nehme, findet die Wandlung statt. Das ist ein äußerst intimer Vorgang in den Betroffenen – ohne die Zauberworte eines Priesters.
- Zur Krankenölung: Meine Kinderseele sagt: Ein zwanghafter Versuch, aus einem ehrbaren Ritual ein siebtes Sakrament zu erfinden.
- Zur Priesterweihe: Mit den acht Weihen – vier niedere: Akolyth, Zellerar, Luzifer und Exorzist; und vier höhere: Subdiakon, Diakon, Priester und Bischof - wurde ein vorchristliches Zeremoniell zu einem christlichen umfunktioniert. Aber: Wozu Priester, wenn es keine Sakramente gibt, die nur von diesen gespendet werden dürfen bzw. ihr Beisein erfordern? Wenn Sakramente ureigenes Recht jedes Menschen sind, dann gibt es in den Kirchen keinen Priestermangel mehr!

Die Druiden, das waren halt noch Priester – und Priesterinnen!

Ist Sakrament nicht einfach ein religiöser Vollzug?

Ist es nicht eines der erhabensten Sakramente, wenn ich andächtig durch die Natur gehe?

Ist es nicht eines der höchsten Sakramente, wenn ich einfach natürlich bin?

Dann ist Kind-Sein das Ur-Sakrament.

22. Mai 2014

Wu Wei

Heute Nacht hatte ich einen Traum. Ich war in meinem Elternhaus mit meiner Mutter. Da hat sie von heute auf morgen entschieden, dass sie Menschen heilen wird. Sie gab eine entsprechende Ankündigung in die Zeitungen. Und schon kamen Leute. Sie hatte doch noch gar keine Vorkehrungen getroffen! Das kümmerte sie nicht. Sie kochte eine Eierspeise und hielt dann eine Hand darüber. Dann konnte sie einer Person die Ursache ihres Leidens sagen und was diese tun solle.

Da kamen plötzlich zwei junge Männer, die an der Gartenmauer stehen blieben und Passanten ansprachen. Auch sie versprachen Heilung. Sie befestigten einen Klappstuhl an der Gartenmauer, auf die sich der Klient setzen konnte. Mir schien das Vorgehen der beiden Männer wie eine regelrechte Abzockerei. Als sie gegangen waren, blieben an der Mauer die Verankerung des Klappstuhls und davor ein großer gelber Sandhaufen.

Aufgewacht, habe ich dem Traum nachgespürt. Mich faszinierte die Unbekümmertheit sowohl meiner Mutter als auch der beiden jungen Männer. Das erinnerte mich an meine Kindheit im Alter von fünf Jahren. Der Krieg war eben erst zu Ende und in Admont waren russische Soldaten einmarschiert. Es musste im Mai oder Juni 1945 gewesen sein. Da bin ich in den Keller zum Mostfass meiner Großmutter gegangen und habe eine Flasche abgefüllt. Dann bin ich durch den Ort gegangen. Wenn ich einem Russen begegnet bin, habe ich ihm zu trinken gegeben. Manch einer hat mir dann einen Geldschein gegeben. Die Runde habe ich zwei, drei Mal gemacht. Ein Soldat hat an der Flasche nur gerochen, aber nicht getrunken. Später erst bin ich dahintergekommen: Dieser Soldat war auf Wachposten gestanden, er war im Dienst.

Ich denke heute noch gerne daran zurück, wie unbekümmert und natürlich ich damals aufgetreten bin.

23. Mai 2014

Pathos

Es war auf einem Trainerseminar. Wir wurden instruiert, ein Telefontraining zu leiten. Wir Teilnehmer arbeiteten die einzelnen Seminarbausteine übungsweise mit Rollenspielen durch. Mittels einer Übungsanlage wurden die Gespräche aufgezeichnet. Bei der Analyse eines Telefonats sagte unser Kursleiter über ein Rollenverhalten: »Das ist priesterliches Gehabe.« Wir wussten nicht, was er damit sagen wollte und fragten ihn. Er wies uns auf den feierlichen Tonfall eines Rollenspielers hin. Wir fragten weiter und so erklärte es der Leiter näher. Dieser Tonfall deutet auf einen Mangel an Authentizität hin. Wenn der Priester in seiner Predigt einen salbungsvollen Tonfall hat, wenn er pathetisch wird, dann sagt er etwas, wovon er in seinem Innersten nicht überzeugt ist. Anders ausgedrückt: Er spielt seinen Zuhörern etwas vor. Er versteckt sich hinter seinen Worten, spricht in fremdem Auftrag.

Mitunter treffe ich Menschen, für die ein feierlicher Tonfallzur Gewohnheit geworden ist. Würde ich sie damit konfrontieren und ihnen meinen Eindruck sagen, dass das Gesagte nicht ihre Überzeugung ist, wären sie wahrscheinlich höchst entrüstet. Diese Menschen sind von ihrer ursprünglichen, spontanen Natürlichkeit so weit abgerückt, dass sie nur sehr schwer wieder Zugang erlangen können. Manchmal wirkt ihr salbungsvoller Ton etwas locker und natürlich, aber immer noch aufgesetzt und abgehoben.

☺ 5 **Authentisch:** Um wieder authentisch und natürlich zu werden, bedarf es mehrerer ineinandergreifender Maßnahmen. Sehr hilfreich ist jede Form von Lockerung. Von entspannten Bewegungen über gezielte Übungen bis zu Lockerungsmassagen, zunächst nur für den Körper. Etwas anspruchsvoller sind mentale Lockerungsübungen, wie das sogenannte Gibberisch. Dabei gibt man in schneller Folge die unmöglichsten Laute von sich. Damit reinigen wir auch unsere »Denkmaschine«. Noch komplexer, aber auch effizienter wird es, wenn wir in die eigene Lebensgeschichte schauen, um herauszufinden, wo und wie uns die ursprüngliche Natürlichkeit verloren gegangen ist. Wir müssen bereit sein, uns selbst in Frage zu stellen.

Mir hat es sehr geholfen, wenn ich sozusagen heruntergeholt wurde, wenn ich mich beispielsweise kompliziert oder geschwollen ausgedrückt habe und dann mit der Frage konfrontiert wurde: »Was wolltest du eigentlich sagen?« Dann kamen meine Worte einfach und natürlich. Als ich dann einmal selbst meine salbungsvolle Redeweise gehört habe, bin ich zunächst erschrocken. Ich war betroffen. Dann spürte ich aber in mich hinein und fragte mich: »Was fehlt mir, um mich authentisch zu geben?« Es war mein inneres Bild, dass diese Situationen etwas ganz Besonderes sind und von mir etwas Außergewöhnliches verlangen. Aber es war noch mehr dahinter. Ich wollte einem auferlegten Anspruch gerecht werden. Wie das? Im Juli 1946 war meine Kindergartenzeit zu Ende. Für den Abschluss wurde vor dem Haus ein Podium errichtet und davor waren Stühle für Eltern, Angehörige und weitere Gäste aufgestellt. Diese hatten bereits

Platz genommen, als ich auf die Bühne geführt wurde, um das Eröffnungsgedicht vorzutragen. Während ich auf das Zeichen für meinen Einsatz wartete, sah ich meine Eltern unter den Gästen sitzen und habe ihnen gewunken. Dann kam das Zeichen, und ich trug mein Gedicht vor: ganz natürlich, locker und frei, wie selbstverständlich. Hinterher hat mein Vater nur gesagt: »Wenn man auf der Bühne steht und auf den Einsatz wartet, fummelt man nicht mit den Händen herum!« Von da an war ich bei Auftritten unsicher und verspannt. Später habe ich mir diese Situation vergegenwärtigt und so lange auf mich wirken lassen, bis sie sich entspannt hatte. Ich bin auch auf Bühnen gestanden und habe mir bewusst gemacht, dass es keinen Unterschied macht, ob ich hier oben stehe oder unter den Zuhörern sitze. – Heute bin ich meinem Vater für seine Rüge dankbar, weil ich weiß, was Lampenfieber ist, woher es kommt und wie man es lösen kann. Und ich bin nicht mehr so leicht zu irritieren.

Hier ganz besonders gilt der Satz:

Es ist nie zu spät für ein natürliches Kind-Sein!

24. Mai 2014

Anathema sit

Welchem Kind kann man willkürlich Vorschriften machen? Meine Tochter Astrid hat mir das aufgezeigt. Wenn ich sie zu etwas veranlassen wollte, was ich ihr nicht nachvollziehbar erklären konnte (weil es nur meinem Ego gedient hätte), war sie nicht dazu zu bewegen und hat sich heftig gewehrt. Sie war aufgrund ihrer Behinderung nicht so leicht herumzukriegen, nicht so einfach sozialisierbar (= hypnotisierbar). Alles, was für sie Sinn machte, und sie war schnell von Begriff, hat sie spontan akzeptiert.

Religionen brauchen Dogmen, Lehraussagen, Glaubenssätze, die für die Mitglieder verbindlich sind. Jedes Dogma der katholischen Kirche ist negativ formuliert und endet mit den Worten »anathema sit« (= sei ausgeschlossen). Eine Kirche, die alles will und jeden ausschließt, der ihr nicht gefügig ist? Im Mittelalter endete es in dem Satz: »Willst du nicht mein Bruder sein, dann schlag ich dir den Schädel ein.« Der Widerspruch gipfelt in der paradoxen Haltung, jeder Person ihre eigene Verantwortung in Erinnerung zu rufen und gleichzeitig diejenigen auszuschließen, die sich nicht nach dem Willen der Obrigkeit richten. Du wurdest nie gefragt, ob du dazugehören willst, aber mit der Taufe bist du unauslöschlich dabei! Grundsätzlich ist jede Kindertaufe ungültig.

Für mich sind die Dogmen nicht nachvollziehbar. Da geht es weniger um den Inhalt, der manchmal haarsträubend ist, als aus formalen Gründen darum, dass Dogmen den Menschen ihre Würde absprechen. – Dann wird von Menschenwürde gesprochen.

Die Folgen sind schlimm. Dogmen sind die Wurzel der Gewalt. Im eigenen Bereich fällt uns dies nicht auf. Wir müssen nicht weit schauen, nur ein klein wenig über den eigenen Zaun. Dann sehen wir, wie Menschen aus tiefer Glaubensüberzeugung andere ermorden. Wir müssen in den Geschichtsbüchern nicht weit zurückblättern, bloß ein paar Jahrzehnte, dort sehen wir die gleichen Gräueltaten in den eigenen Reihen. Es sind aber nicht nur die Völkermorde, die auf dieses Konto gehen. Im kleinen Kreise, in den Familien: das gleiche Drama – aus Glaubensüberzeugung.

Wenn die christlichen Kirchen zu dem finden wollen, was ihr Vorbild verkündet hat, müssen sie alles loslassen. Das wird ihnen nicht gelingen. Andererseits ist es nicht so wichtig: Der religiöse Vollzug geschieht im Herzen jedes Einzelnen. Für die Sakramente bedarf es keiner Priester. Zum Beten geh in die Stille, schließ dich in deiner Kammer ein.

Die Kirche geht nicht unter. Warum? Weil ein Schiff, das auf Grund gelaufen ist, nicht untergehen kann. Sie ist schon einige Zeit im Trockenen.

25. Mai 2014

Wahrheit

Es gibt eine außer Streit stehende, eine subjektive und eine Erkenntnis-Wahrheit.

Die Wahrheit, die außer Streit steht, ist vordergründig. Sie ist überprüfbar, zum Beispiel ob ein Haus zwanzig Fenster und drei Türen hat und ob der zunehmende oder der abnehmende Mond am Abendhimmel zu sehen ist. Wir sprechen in diesem Fall auch von »richtig«.

Die subjektive Wahrheit führt zu Streit, wenn sie als Behauptung gesagt wird. Wenn zum Beispiel jemand sagt: »Hier ist es kalt«, und ein anderer hat ein anderes Temperaturempfinden. Diese Wahrheit stimmt für den einen, nicht aber für den anderen. Die subjektive Wahrheit reduziert sich in Wirklichkeit auf eine persönliche Meinung.

Die Erkenntnis-Wahrheit beruht auf Einsicht. Sie ist zwar allgemein gültig, aber direkt nicht vermittelbar. Eine Beweisführung erübrigt sich. Sie ist nicht erforderlich, und wenn es überhaupt eine gibt, ist sie nicht kommunizierbar. Die Erkenntnis-Wahrheit ist jenseits von richtig oder falsch.

Die Wahrheit, die aus der Einsicht kommt, will gelebt sein. Sie ist Wahrhaftigkeit und weder beweisbar noch widerlegbar. Sie muss auch nicht bewiesen werden. Sie ist mit Worten gar nicht vermittelbar. Sie ist, was sie ist – die Wahrheit. Ein Kind lebt sie unbewusst. Sie ist ihm eigen. Oft müssen wir lange in Stille verweilen, bis wir sie erkennen. Wer sie wiedererlangt hat, lebt sie bewusst. Dann hat sie eine höhere Qualität. Wer die Wahrhaftigkeit lebt, ist dem Leben verbunden. Beide, Wahrhaftigkeit und Leben, sind unbestechlich, sind nicht korrupt. Der wahrhaftige Mensch bewegt sich außerhalb der Gesellschaft. Die ist durch und durch korrupt. Er macht ihr Spiel nicht mit. Korruptheit beginnt bei den ganz banalen Alltäglichkeiten, wenn wir aus Gefälligkeit etwas zugestehen, was wir im Grunde unseres Herzens gar nicht wollen. Aus Angst oder weil wir uns einen Vorteil erkaufen wollen, machen wir das eine oder andere Zugeständnis. Dann sagen wir: »Eine Hand wäscht die andere.«

Um zur Wahrhaftigkeit zu finden, musste ich tief in mich hineinschauen. Ich brauchte allen meinen Mut, dorthin zu schauen, wo ich mir selbst etwas vormache. Das ist nicht leicht, weil ich zuallererst meine Sinnestäuschungen erkennen muss und auch, wo ich einem Irrtum ausgesetzt bin. Das alleine macht mich schon sehr betroffen. Doch nur über das Eingeständnis löst sich die Unaufrichtigkeit, die nur mich selbst betrifft. Ich kann ruhigen Gewissens jedem anderen ein Märchen erzählen oder eine Unwahrheit. Zu mir selbst muss ich aufrichtig sein. Und in der Wahrhaftigkeit weiß ich, was ich wann wem sage. Dabei achte ich darauf, dass alles, was ich sage und tue, dem Leben dient. Dann kann ich zu meinem Reden und meinem Tun stehen.

Korruptheit belastet die Bandscheiben.
Aufrichtigkeit und aufrechter Gang bilden eine Einheit.

26. Mai 2014

Zufriedenheit

Ist Zufriedenheit ein erstrebenswertes Ziel?

Wann wollen wir es erreicht haben?

Woran wollen wir messen, dass wir es erreicht haben?

Was tun wir, wenn wir es erreicht haben?

Vor einigen Jahren erfuhr ich das Ergebnis einer Befragung unter den im Arbeitsprozess Stehenden betreffend ihre Zufriedenheit. Die Umfrage betraf konstruktive und destruktive Arbeitsunzufriedenheit sowie tatsächliche und resignative Arbeitszufriedenheit.

Etwa fünf Prozent bezeichneten sich als konstruktiv unzufrieden. Das heißt, sie waren mit ihrer Situation nicht einverstanden und suchten brauchbare Lösungen.

Etwa zwanzig Prozent gehörten zu den Querulanten, denen einfach nichts recht war.

Ganze siebzig Prozent waren zufrieden, aber nur, weil sie resigniert hatten. Sie hatten sich mit ihrer tristen Situation abgefunden.

Lediglich die restlichen fünf Prozent waren mit ihrer Arbeitssituation tatsächlich zufrieden.

Für jede dieser Gruppen gibt es in der Gesellschaft Nischen: Vereine, politische Parteien, Events.

Die überwiegende Mehrheit der Menschen in unserer Gesellschaft hat resigniert. Sie ist von sich aus nicht mehr motiviert. Brot und Spiele jeglicher Art, vom Musikantenstadl über Dancing Stars, diverse Fernsehdiskussionen und

Krimiserien bis hin zur Formel 1, halten sie aufrecht. Wenn das nicht zieht, rebellieren sie. So lange es geht, werden sie über die Medien im Zaum gehalten. Deren Hauptfunktion zeigt sich in den taktischen Ablenkungsmanövern.

Vor etlichen Jahren, als ich Personalverantwortlicher in einem Unternehmen mit etwa eintausend Mitarbeitern war, besuchte ich ein Seminar bei einem Fachkollegen, der in einem internationalen Konzern tätig war. Er sagte, dass in seinem Unternehmen bei jedem Bewerber vorrangig auf zwei Eigenschaften geschaut werde: Neugierde und Begeisterungsfähigkeit. Warum gerade diese? Weil sie die Grundlage für eine gesunde Lebens- und damit Arbeitseinstellung sind und weil man sie nicht lernen kann. Umgekehrt eignet sich der neugierige und begeisterungsfähige Mensch rasch die Fertigkeiten und Kenntnisse an, auf die es in einer neuen Situation ankommt.

Neugierde und Begeisterungsfähigkeit kann man nicht lernen und nicht verlernen. Aber sie können verdrängt werden. Warum kann man sie nicht gewinnen oder verlieren? Weil sie ein Geburtsrecht jedes Menschen sind. Wir alle waren einmal neugierig und begeisterungsfähig. Warum sollen wir sie wiedererlangen? Weil sie einen erheblichen Anteil an unserer Lebensqualität haben.

Wie können wir Neugierde und Begeisterungsfähigkeit in uns wieder wecken? Wir tun die Dinge, die uns Spaß machen, die wir gerne tun. Ein Hobby sollte aber nicht nur Ausgleich sein. Das kann eine Überbrückungshilfe sein. Wir sollen unser Hobby zum Beruf machen!

Die Betätigung ist eine Hilfe, unserer eigenen Motivation auf den Grund zu gehen. Wenn aber Neugierde und Begeisterungsfähigkeit ein Geburtsrecht sind und sie uns abhanden gekommen sind, müssen wir sie wiederfinden, neu ent-decken. Wie? Wir gehen zurück an den Punkt in unserem Leben, wo sie noch vorhanden waren, wo das Leben in uns noch sprühte. Diese Situation holen wir neu in unser Bewusstsein. Am leichtesten gelingt das, wenn wir Ähnlichkeiten zu damals herstellen. Das kann eine Tätigkeit sein, eine Umgebung oder woran wir uns erinnern. Dann decken wir Schritt für Schritt jene Situationen auf, in denen uns diese natürliche Lebendigkeit abhanden gekommen ist. Meist sind es Verbote oder Gebote unserer Eltern und in der Folge der Personen, denen uns die Eltern anvertraut haben: Kindergartentanten, Lehrer, Leiter in den Jugendgruppen, Vorgesetzte bei der Arbeit, Verantwortliche im öffentlichen Dienst ... Je weiter wir davon entfernt sind, umso mühevoller wird unser Weg.

Ich spüre meine Lebendigkeit.
Was kümmert mich die Zufriedenheit?

27. Mai 2014

Der Auftrag

Vor etlichen Jahren hat mich ein Freund um Rat gebeten. Ein Mann in seinem Bekanntenkreis hatte Probleme und mein Freund wollte ihm helfen. Er fragte mich, was er tun solle. Jedes Mal, wenn wir einander treffen, üblicherweise einmal jährlich, erinnert mich mein Freund, wie ich ihm damals geantwortet habe: »Hast du einen Auftrag?«

Ich kenne das von mir selbst. Meine Selbsterfahrungskurse hatten mich sensibilisiert. Ich sah die Probleme meiner Mitmenschen und wollte ihnen helfen. Ich erlitt dabei Schiffbruch. Ich war wie vor den Kopf gestoßen. Mir war nicht bewusst, dass ich mit der Tür ins Haus gefallen war. Aus heutiger Sicht sage ich: Zu meinem eigenen Glück wurde ich damals abgewiesen. Nur so konnte ich zur Einsicht kommen, dass Helfenwollen in einer Sackgasse und oft mit schlimmen Nebenwirkungen endet.

Es berührt mich höchst unangenehm, wenn in einer Gruppe, in der eine Person ihren Schmerz zum Ausdruck bringt, sofort eine andere Person herbeieilt und sie trösten will. Was jeder Mensch und insbesondere eine Person, die in ihrem Schmerz ist, in erster Linie braucht, ist angenommen sein wie sie ist. Mit dem Trösten signalisieren wir das Gegenteil: Durch unser Handeln teilen wir der betroffenen Person mit: »Hör endlich mit deinem Schmerzausdruck auf. Es tut mir weh!«

Kürzlich erlebte ich eine solche Situation. Es war auf einer Tagung in einem Gruppengespräch. Eine Frau brach in Tränen aus. Eine andere Frau legte ihren Arm tröstend um deren Schulter. Als Gesprächsleiter veranlasste ich die tröstende Frau, wieder auf Distanz zu gehen. Die betroffene Frau fühlte sich offensichtlich erleichtert. Später auf dieser Tagung traf ich die Frau, die helfen wollte, und sie erzählte mir, dass sie selbst in einer anderen Gruppe geweint habe. Das erleben wir oft: Der Mensch, der trösten will, braucht selbst den Trost! Wer helfen will, braucht selbst die Hilfe anderer, kann oder will es sich aber nicht eingestehen. Die helfende Person stülpt ihren Schmerz der anderen über, die dadurch noch tiefer sinkt und erst recht keinen Ausweg findet. Im Angenommensein löst sich alles.

Ähnliches sehen wir dort, wo jemand etwas (alles) besser machen will. Das ist insbesondere das Dilemma der Parteipolitiker. Jeder weiß es besser, dabei meint er es doch so gut! Die Folgen sind von Übel.

Eine Extremsituation erlebte ich in einer Ausbildung zur Stressverarbeitung nach belastenden Einsätzen beim Roten Kreuz bzw. bei der Freiwilligen Feuerwehr. In einem Rollenspiel war ich in der Situation eines Betroffenen. Die Annahme war, dass ich im Einsatz mit dem Auto ein Kind überfahren hatte. Ich war so sehr in meiner Rolle, dass ich zunächst völlig in mich gekehrt und mir kein Wort zu entlocken war. Nach geraumer Zeit des Schweigens hätte ich von mir aus begonnen zu reden und mich mitzuteilen, wie es in mir aussieht. Doch da gab mein Gesprächspartner auf. Er hielt das lange Schweigen nicht mehr aus. Er hatte nicht verstanden, dass mir eben dieses Schweigen, seine stille Anwesenheit, geholfen hätte, mich zu öffnen und mich mitzuteilen.

Vor mehr als dreißig Jahren hatte ein Kursleiter über echtes Mitleid gesprochen und dazu Hiob zitiert. Hiob ist der

Mann im Alten Testament der Bibel, dem alles genommen worden war, einschließlich seiner Gesundheit. Freunde, die von seinem Unglück erfahren hatten, kamen zu ihm, und dann heißt es in der Bibel wörtlich: »Sieben Tage und sieben Nächte saßen sie neben ihm auf der Erde und keiner sprach ein Wort zu ihm. Denn sie sahen, dass sein Schmerz übergroß war.« *(Hiob 2,13)*

28. Mai 2014

Angst

Unsere Angst ist unser Motor. Wirklich?
Angst verspannt uns.
Angst blockiert uns.
Angst entfremdet uns.
Angst macht uns stolz, gierig, eitel, träge, neidisch.
Angst macht uns blind, taub, gefühllos.
Angst macht uns krank.
Angst vereinsamt uns.

☺ **6 Angst auflösen:** Ich ziehe mich zurück in die Stille, in einen abgedunkelten Raum. Dort setze ich mich hin und lasse alles los. Dann vergegenwärtige ich mir alle meine Ängste, auch die früheren aus meiner Kindheit. Ich schaue auf sie hin und lasse sie an mir vorüberziehen, bis die Spannung nachlässt und ich wieder gelöst bin.
Für zehn Minuten.
Jeden Tag.
Nach einer Woche kommen keine Ängste mehr.
Sie sind alle weg.

Angst will nicht erkannt werden. Doch wir haben Angst – vor unseren Ängsten. Darum schauen wir nicht hin.

29. Mai 2014

Loslassen

Das Leben ist ein ununterbrochener Prozess des Loslassens.

Die erste umfassende Erfahrung ist unsere Geburt, wenn wir den Mutterschoß loslassen. Dieser Prozess begleitet uns ein Leben lang bis zum endgültigen Loslassen.

Das Leben lehrt uns:
Wir lassen unsere Kindheit los.
Wir lassen unser Elternhaus los.
Wir lassen die Schule los.
Wir lassen Orte los.
Wir lassen Menschen los.

Das Leben lehrt uns durch Verlust:
von Gütern,
von einem Arbeitsplatz,
von unserer Jugend,
von lieben Menschen, die uns nahestanden,
von unserer Gesundheit.

Wie gelingt dieses Loslassen?

In Liebe und in Dankbarkeit.

30. Mai 2014

Ankommen

Wir wurden geboren.

Wir sind in diese Welt gekommen.

Wir haben die Möglichkeit erhalten, der großen Seele Ausdruck zu verleihen. Durch unser Leben.

Sind wir hier angekommen?

Sind wir wirklich da?

Stehen wir im wahrsten Sinne auf zwei Beinen? Oder zweifeln wir und glauben wir, anstatt die Wirklichkeit zu sehen, zu hören und zu spüren? – Jeder gläubige Mensch ist ein großer Zweifler und jeder Zweifler glaubt zu viel.

Wenn wir in dieser Welt ankommen wollen, müssen wir mit dem Boden Kontakt aufnehmen. Wir müssen uns die Hände schmutzig machen, im übertragenen Sinne und auch wörtlich. Wir müssen die Wirklichkeit dieser Welt voll und ganz erfahren. Erst dann dürfen wir in die geistige Welt schauen und uns daran erinnern, dass wir hier nur Gäste sind, Gäste, die fest auf ihren Beinen stehen, Gäste, die nicht weltfremd sind.

Dann brauchen wir keine Lichtkreise mehr.

Dann spüren wir die verschiedenen Schwingungen dieser Erde und erkennen die unterschiedlichen Wirkungen von Orten.

Dann finden wir unsere Kraftplätze.

Dann lieben wir diese Erde
und sind dankbar für ihre Gastfreundschaft
und lassen das Jenseits – dort.

31. Mai 2014

Schüttel-Lähmung

Auf einem Spaziergang in der freien Natur, dort wo ich mich entspannen und loslassen kann, kamen diese Gedanken: Wann werden wir geschüttelt? Wann stehen wir da wie gelähmt? Das Schütteln ist eigentlich ein heftiges Zittern. Wir zittern und stehen wie gelähmt, wenn wir Angst haben. Angst wovor? Angst, für ein »Vergehen« bestraft zu werden.

Die Parkinson-Krankheit, auch als Schüttellähmung bekannt, hat ihre Ursache in einer strengen Erziehung in der Kindheit. Das habe ich an mir beobachtet, als mein rechter Arm in bestimmten Körperhaltungen zu zittern begann. Ich spürte in dieses Zittern hinein und sah mich als Kind, das sich vor der Strenge des Vaters fürchtete.

Ich habe im Laufe meines Lebens Menschen kennengelernt, die ob ihrer Strenge bekannt waren. Im Alter haben sie schwer unter der Parkinson-Krankheit gelitten.

Während ich, umgeben vom Grün der Natur, weitergehe, beginne ich mit der ☺ 7 **Herzatmung:** Mit dem Einatmen nehme ich die Ängste des kleinen Heinz' in mein Herz – beim Ausatmen lasse ich Weite, Licht und Liebe verströmen. Dabei kommen mir die einzelnen Situationen und Anlässe für meine Ängste ins Bewusstsein. In der Herzatmung lösen sie sich alle auf.

1. Juni 2014

Leiden statt handeln

Dann und wann begegne ich Menschen, die in ihrem Leid verstrickt sind. Wenn ich mit ihnen spreche, kommt mir eine duldsame Resignation entgegen. Sie sehen ihre Leiden als Hingabe. Mein Eindruck ist aber, dass diese Menschen leiden wollen. Wenn ich mit ihnen über Möglichkeiten, wie sie ihr Leid lindern oder gar auflösen könnten, sprechen will, lenken sie mit nichtssagenden Allgemeinfloskeln ab. Besonders krass kommt diese Verrücktheit zum Jahreswechsel oder bei Geburtstagen zum Ausdruck, wenn sie ihre guten Wünsche mit dem Zusatz »Vor allem Gesundheit, weil das ist das Wichtigste« überbringen. Spreche ich dann diese Menschen auf Möglichkeiten an, wie man seine Gesundheit erhalten bzw. wiedererlangen kann, kommt nur ausweichendes Blabla.

Auf meinen Entdeckungsreisen habe ich zwei gravierende Motive für diese Haltung gefunden. Zum einen ist es die Liebe zu den Eltern und zum anderen sind es religiöse Motive.

Unsere Eltern haben uns ins Leben gebracht und uns fürsorglich begleitet, bis wir auf eigenen Füßen stehen konnten. Dafür sind wir ihnen ein Leben lang dankbar. Das ist auch gut so. Wir übernehmen aber auch ihre Schatten und aus Dankbarkeit springen wir für sie in die Bresche. Unsere Kinderseele meint, den Eltern durch Übernahme eines Leidens ihre Last abnehmen oder zumindest lindern zu können. Dann gehen Kinder für ihre Eltern auch in den Tod.

Wer es nicht glauben will, ist eingeladen, die systemische Familienordnung zu studieren.

Leiden ist in den christlichen Religionen tief verankert. Jesus hat gelitten, also muss ich auch leiden, wenn ich ein vorbildlicher Christ sein und ihm nachfolgen will. Jesus hat aber etwas ganz anderes gesagt: »Wer mir nachfolgen will, der verleugne sich selbst, nehme sein Kreuz auf sich und folge mir nach« *(Mk 8,34)*. Da ist nicht vom Kreuz Jesu die Rede, sondern vom eigenen Kreuz. Mein Kreuz ist mein Schicksal. Indem ich mein Kreuz auf mich nehme, sage ich Ja zu meinem Schicksal. Wer es einmal erfahren hat, weiß es: Das Ja zum eigenen Schicksal ist der Weg der Heilung und der Lösung von allen Problemen.

Im Herbst 2003 bin ich den spanischen Jakobsweg gegangen. (Der Jakobsweg hat seinen Namen nicht vom Heiligen Jakob, der weder lebendig noch tot nach Spanien gekommen war, sondern vom keltischen Wort Jakkhos, was so viel wie heilig heißt. Der Caminos Jakkhos war der heilige Weg. Der Ort, wo heute Santiago de Compostella ist, war bereits in der Jungsteinzeit ein Totenritualplatz und in der Römerzeit ein Gräberfeld.) Auf dieser 32-tägigen Wanderung bin ich Menschen mit offenen Wunden an den Füßen begegnet, die sich mühsam dahingeschleppt haben. Auf ihre Situation angesprochen, nannten sie ihre religiösen Motive. Die Gefahr eines bleibenden Schadens war für sie kalkuliertes Risiko! Vor dem Gesetz ist das strafbar. Vor dem Leben auch. Wir schaden damit uns und unseren Mitmenschen.

Paramahansa Yogananda erzählt in seiner »Autobiografie eines Yogi«, wie er sich selbst durch Gedankenkonzentration eine Furunkel zugefügt hatte und dann von seinem Lehrmeister gerügt wurde, er solle seine Fähigkeiten für Zwecke einsetzen, die dem Leben dienen und nicht der Selbstzerstörung. Mich erinnert das an die Heiligen, die sich selbst mit den Wundmalen des Gekreuzigten stigmatisiert haben. Aber darf ich so darüber urteilen? Haben diese »Heiligen« nicht zur Auflösung und damit zur Vollendung des Leidensweges Jesu einen wertvollen Beitrag geleistet? Haben sie nicht Seelenanteile des »Erlösers« übernommen und erlöst?

Es hat mich einige Überwindung gekostet, selbst für mein Wohl zu sorgen, als ich gewartet habe, dass jemand kommt und mich umsorgt. Viele Krankheiten oder körperliche Verletzungen haben ihre Ursache in der Kindheitserfahrung. Die meisten von uns haben eine höhere Aufmerksamkeit von Eltern, Angehörigen oder Freunden erhalten, wenn sie krank waren oder sich verletzt hatten.

Unsere Kinderseele wartet immer noch auf Zuwendung.

Die müssen wir ihr jetzt selbst geben.

☺ Wir übernehmen Vater- oder Mutterrolle für das Kind in uns.

Dann werden wir erwachsen.

2. Juni 2014

Leben als Krieger

Ein Krieger kämpft nicht. Ein Krieger ist standfest. Ein Krieger fordert nicht heraus. Weil der Krieger fest steht, ist er eine Herausforderung.

Ich habe viel gekämpft in meinem Leben. Es hat mich nie weitergebracht. Vorwärts gekommen bin ich, weiterentwickelt habe ich mich dort, wo ich nicht gekämpft habe. Die wichtigen Dinge, die bedeutenden Personen, die maßgeblichen Hinweise sind auf mich zugekommen – wenn die Zeit reif war.

Dabei habe ich etwas entdeckt: Wer kämpft, ist nicht in seiner Kraft, nicht in seinem Willen, nicht in seinem Mitgefühl, ist nicht in seiner Mitte, nicht in seiner Liebe. In der Meditation, wenn ich in meine Mitte komme, bin ich in der Liebe. Dann kann sich alles entfalten, alles entwickeln, so wie es gemäß ist. Meditation ist eine Haltung, der ich mich immer mehr angleiche.

Wer kämpft, prostituiert sich, stößt andere ab, lehnt sich selbst ab. Wenn wir das erkennen, verstehen wir, wie Entwicklungen geschehen, wie Veränderungen möglich sind. Die großen Revolutionen der Geschichte haben nichts verändert, sie brachten das gleiche Alte in einem neuen Gewand. In Russland beispielsweise hat das kommunistische System den Zaren abgelöst und das totalitäre Regime umso heftiger weitergeführt.

Wenn eine Gruppe von Menschen ein anderes Eucharistie-Verständnis hat als die offizielle Kirche, so ist das ihre

Sache. Wer soll, wer kann sich da einmischen, wenn diese Menschen ihr Verständnis leben? Wenn sie aber in die Öffentlichkeit gehen, ist das eine Kampfansage. Die offizielle Kirche muss sie exkommunizieren. Sie kann gar nicht anders, nicht weil sie unbeweglich ist, sondern weil sie sich selbst treu sein muss. Sonst stellt sie sich selbst in Frage. Wer die Welt verändern, wer sie verbessern will, ist zum Scheitern verurteilt – Gott sei Dank! Die Welt ist so, wie sie ist, gut, und das seit Anbeginn.

Noch etwas gilt es gerade bei diesem Thema zu beachten. Die Eucharistiefeier ist etwas sehr Intimes, vielleicht das Intimste überhaupt. Wer sich damit zur Schau stellt, hat sie nicht nur nicht verstanden, er hat sie schändlich missbraucht, ja in den Schmutz gezogen. Leider ist die offizielle Kirche darin auf ihre Weise Vorbild. Sie kennt keine Intimität, daher auch keine Religiosität.

Ein Krieger weiß das.
Er arbeitet nur an seiner Entwicklung.
Ein Leben lang.
In Liebe.

Island

Tagebuch einer langen Reise

15. 6. Anflug

Das Leben – ein Traum? Wenn ich am Abend in München ins Flugzeug steige und vier Stunden später um Mitternacht bei hellem Tageslicht in Keflavik ankomme, dann meine ich, dass ich träume. Ist das Leben nur ein Traum?

Ich begebe mich in stille Meditation: Nun lasse ich alles, was war, hinter mir und bin offen für das Neue.

16. 6. Campsite Reykjavik

Das Wasser im Zelt: Einmal bin ich einer Indianerin begegnet. Sie erzählte, dass sie in einer Gegend aufgewachsen sei, wo die hochgiftigen Kupferkopfschlagen lebten. Dort hat sie etwas gelernt: Aufpassen! Das Wasser im Zelt lehrt mich achtsam sein.

Einsamkeit: Ich finde mich plötzlich in einer völlig fremden Umgebung. Mir ist der Ort vom Vorjahr her vertraut und doch erlebe ich ihn völlig neu. Die Menschen sind andere. Ich sehe ihre Einsamkeit. Dann erst entdecke ich sie auch in mir. In dieser Einsamkeit komme ich an: Jetzt bin ich ganz bei mir!

Wir sind alle einsam. In dieser Einsamkeit sind wir im All verbunden, geborgen im und getragen vom Leben.

17. 6. Rigide Muster

Von der unbewussten Inkompetenz zur unbewussten Kompetenz:

Wie findet Lernen statt?

Erst muss ich erkennen, dass ich Lernbedarf habe: Von der unbewussten zur bewussten Inkompetenz. Der schmerzhafte Schritt: Ich muss mir eingestehen, dass ich etwas nicht weiß oder kann.

Dann muss ich diesen Mangel beheben: Von der bewussten Inkompetenz zur bewussten Kompetenz. Der Arbeitsschritt: Ich muss mich an die Arbeit machen.

Dann soll das Neue zur Gewohnheit werden: Von der bewussten zur unbewussten Kompetenz. Die Umsetzung im Alltag.

Friedensapostel sind militante Kämpfer: Der Kampf um den Frieden lässt keinen Stein auf dem anderen. Mahatma Gandhi war einer: Er wollte mit Gewalt sein Ziel erreichen, mit Gewalt gegen sich selbst.

18. 6. Das freie Kind

Einfach leben

Wenn es mir gelingt, den Augenblick zu erkennen und einfach das zu tun, was ansteht, und sonst nichts, dann lebe ich.

Wenn es mir gelingt, alle Strebungen und jeden Eifer sein zu lassen, mich dem Fluss des Lebens hinzugeben, mich ihm voll und ganz anzuvertrauen, dann lebe ich.

Es gibt nichts zu tun.

19. 6. Mein Reich ist nicht von dieser Welt

Wir sind Gefangene und Gäste: Wenn es mir gelingt, mein Schicksal ohne Wenn und Aber anzunehmen, wenn es mir gelingt, mein Dasein als vorübergehend zu erkennen, wenn mir bewusst ist, dass ich als Gast sein darf, dann bin ich aufgewacht.

Keine Anhaftung – keine Identifizierung: Wenn ich an nichts mehr hänge, wenn mir nichts mehr besonders wichtig ist, wenn alles »gleich gültig« ist, dann bin ich angekommen: bei mir.

20. 6. Strokkur

Alles kommt und geht. Da ist ein Wasserloch. Tief unten herrscht eine Temperatur von 200 bis 300 Grad Celsius. Es bildet sich Wasserdampf. Der Dampfdruck steigt, bis plötzlich eine Fontäne herausschießt. Das Wasser sammelt sich wieder für den nächsten Ausbruch.

Daneben ist das bekannteste Wasserloch. Sein Name hat den anderen den ihren gegeben: Geysir. Einst eine Fontäne von 70 Metern, ist es jetzt still um ihn. Eine glatte Wasserfläche. Nichts rührt sich.

Wolken kommen, Wolken gehen,
Menschen kommen, Menschen gehen,
Welten kommen, Welten gehen,
Kulturen kommen, Kulturen gehen,
Gedanken kommen, Gedanken gehen,
Tage kommen, Tage gehen,
alles kommt und geht,
alles fließt.

21. 6. Hier & jetzt

Gedanken sind außerhalb. Ich bin nicht meine Gedanken. Sie sind etwas anderes. Ich kann meine Gedanken nicht abstellen, muss ich auch nicht. Ich beobachte meine Gedanken, wie sie kommen und gehen. Ich werde still. Ich bin bei mir angekommen.

Maya – die Welt der Erscheinungen: Dahinter ist die Wirklichkeit.

22. 6. Akureyri

Körperbewusstsein: Ich spüre den Wind. Ich spüre das heiße Wasser im Pool. Falsch! Ich spüre mich im Wind. Ich spüre meinen Körper im Pool. Ich bin bei mir.

Der eilende Schritt: Ich gehe. Wohin gehe ich? Warum eile ich so, wenn ich kein Ziel anstrebe? Ich werde bewusst und automatisch langsamer. Ich bin nicht mehr zwei, drei Meter vor mir. Ich bin bei mir.

23. 6. Transformation

☺ Herzatmung: Ich atme bewusst. Beim Einatmen nehme ich alle Sorgen, alle Nöte, alle Verwundungen, alle Schmerzen in mein Herz. Mit dem Ausatmen verströme ich Weite, Licht, Liebe und Wärme. Transformation hat stattgefunden.

24. 6. Die Leichtigkeit der Stille

Ich wandere in ein malerisch schönes Hochtal. Hin und wieder höre ich einen Vogel zwitschern. Ich muss die Tritte auf den Steinen über einen rauschenden Bach finden. Schafe beobachten mich aus einiger Entfernung. Dann muss ich den Weg durch sumpfiges Gelände finden.

25. 6. Der Erleuchtung ist es egal, wie du sie erlangst

Ich gehe so vor mich hin. Neben mir der kleine Heinz. Mit einem Male wird mir bewusst, in wie vielen Aspekten mich dieses Island mit seinen unterschiedlichen Landschaften an meine Kindheit erinnert. Es ist das Kind in mir, das mich zum zweiten Mal auf diese Insel gelockt hat. Plötzlich sehe ich meine vielen Identifizierungen vor mir. Beim genauen Hinschauen lösen sie sich auf.

Schon als Kind habe ich nicht nachvollziehen können, wenn andere Heimweh hatten, sei es auf einem Ferienlager oder wenn sie von einer Kindererholungsaktion nach dem Krieg aus der Schweiz oder aus Spanien tränenreiche Briefe nach Hause schickten. Ich hatte nur Fernweh. Aber zu meinem Bedauern war ich für einen derartigen Erholungsaufenthalt zu wohlgenährt.

Eine für drei Monate anberaumte Reise ist nach zehn Tagen zu Ende. Mein Fernweh hat sich aufgelöst.

26. 6. Die andere Schwelle

Über eine Schwelle bin ich hierher gekommen. Über eine andere kehre ich zurück. Ist es wirklich ein Zurück oder bin ich auf dem Weg in ein völlig neues Land, in eine neue Umgebung? Diese Tage haben mich verändert. Merklich? Wen kümmert's?

27. 6. ICE

Das Leben – ein Traum?
Was ist Traum? Was ist Wirklichkeit?
Stilles Erwachen.

1. August 2014

Vom rechten und vom linken Glauben

Glaubst du an ein ewiges Leben?

Ich weiß, dass mein Körper eine vorübergehende Erscheinung ist und damit auch mein Leben zwischen Empfängnis und Tod begrenzt ist. Wenn ich der Frage auf den Grund gehe, erkenne ich, dass alles lebt, weil die Essenz des Lebens Schwingung ist. Das Ich ist lediglich eine Fiktion und wir Menschen stellen eine Sonderform der Lebendigkeit dar, aber nur manchmal.

Glaubst du an Gott?

Wer mich so fragt, dem gebe ich zur Antwort: »Deinen Gott kenne ich nicht. Wie kann ich an ihn glauben?« Gott lebt nur in unserer Vorstellung. Die ist für jeden Menschen anders. Wenn ich die Frage bejahe, akzeptiere ich seinen Gott. Ich unterwerfe mich. Daher ist diese Frage inquisitorisch, nach wie vor. Wenn einer sagt, er glaube an den Gott der Bibel, weicht er der Frage aus.

Glaubst du an die Auferstehung von den Toten?

Siehe »ewiges Leben«.

Glaubst du an die Hölle?

Ich sehe Menschen, denen sich jeder Wunsch erfüllt. Die leben in der Hölle. Ansonsten glauben an sie nur jene, die es nicht anders haben wollen.

Glaubst du an ein Jüngstes Gericht?

Ich weiß, dass alles unmittelbar gerichtet wird. Mitunter sehen wir die Folgen später oder erst unsere Kinder oder Kindeskinder. Das Jüngste Gericht ist für mich stets hier und jetzt.

Glaubst du an das Paradies?

Ich weiß, dass uns Menschen das Paradies im Lauf der Zeit, auf dem Weg unseres Bewusstwerdens, abhandengekommen ist. Mit fortschreitender Entwicklung unseres Bewusstseins können wir es wiedererlangen. Wir finden es gleich um die Ecke, wo es sich versteckt hat.

Glaubst du an den Himmel?

Siehe »Paradies«.

Glaubst du an ein Jenseits?

Ich weiß, dass es ein Jenseits gibt, weil es das Diesseits gibt. Dabei belasse ich es. Mehr will ich gar nicht wissen.

Glaubst du an einen Sinn des Lebens?

Ich gebrauche meine Sinne, daher stellt sich mir die Frage nicht.

Glaubst du an das Christkind?

Ach, waren das noch Zeiten!

Glaubst du an den Osterhasen?

Den kann doch jeder sehen. Das weiß doch jedes Kind!

Glaubst du an den Storch?

Ich weiß, dass Störche nur auf einem Haus nisten, das auf

einer guten Erdschwingung steht. Ein Storchennest auf einem Haus bedeutet Kindersegen. Man sagt, es sei ein männlicher Storch, der die Kinder bringt, weil der weibliche nicht den Mund halten kann. Aber wahrscheinlich ist es in Wirklichkeit umgekehrt. Der weibliche findet den richtigen Ort, das Nest zu bauen.

15. August 2014

An meine Mutter

Liebe Mutti, ich danke dir.

Liebe Mutti, ich danke dir, dass du mich empfangen, unter deinem Herzen getragen und geboren hast. Darum lebe ich.

Liebe Mutti, ich danke dir, dass du stets so gutes Essen auf den Tisch gestellt hast. Es hat mich wohl genährt.

Liebe Mutti, ich danke dir, dass du wiederholt gesagt hast: »Man kann ruhig darüber reden« und dann doch nichts gesagt hast. Es hat mich manchmal zur Verzweiflung gebracht.

Liebe Mutti, ich danke dir, dass du mich als Kind mit der Rute geschlagen hast. Dieses Trauma hat mich in die Weite geführt. Dort erst habe ich die Vielfalt und die Fülle des Lebens erfahren.

Liebe Mutti, ich danke dir für deine unerschütterliche Heiterkeit. Sie hat sich auf mich übertragen.

Liebe Mutti, ich danke dir, dass du unermüdlich für mich gesorgt hast. Daher geht es mir gut.

Liebe Mutti, ich danke dir, für alles, weil ich bin.

25. August 2014

An meinen Vater

Lieber Vati, ich danke dir.

Lieber Vati, ich danke dir, dass du mich gezeugt hast. Darum lebe ich.

Lieber Vati, ich danke dir, dass du dich so sehr um meine Grundausbildung gekümmert hast. Es war eine wertvolle Basis für meine weitere Bildung, auch wenn es mir nicht immer Spaß gemacht hat.

Lieber Vati, ich danke dir, dass du mit uns Kindern viel gewandert bist. Du hast mir die Natur in ihrer Schönheit nahegebracht.

Lieber Vati, ich danke dir, dass du mit mir Radtouren unternommen hast. Du hast mir die Welt gezeigt.

Lieber Vati, ich danke dir, dass du einseitige Bindungen abgelehnt hast. Du hast mich auf einen Weg der Offenheit für andere Menschen und für die Welt geführt.

Lieber Vati, ich danke dir für deine Strenge. Sie hat mich in die Enge getrieben, durch die ich erst den Weg ins Weite gefunden habe.

Lieber Vati, ich danke dir für deine Sprüche. Du hast mich in Humor und Philosophie unterwiesen.

Lieber Vati, ich danke dir, für alles, weil ich bin.

31. August 2014

An mein Schicksal

Ich danke meinem Schicksal, dass es mich diesen Weg geführt hat.

Möge es mich in seiner Weisheit und Güte weiter führen.

5., 6., 7. September 2014

Myvatn-Triduum

Am vergangenen Dienstag bin ich zur letzten Etappe einer dreimonatigen Island-Reise aufgebrochen, nicht gerade spannungsfrei:

Ich hatte vor einigen Jahren einem Freund einen größeren Geldbetrag für ein Jahr geliehen, weil er in finanziellen Nöten war. Den konkreten Anlass sagte er mir nicht, ich wollte ihn auch nicht wissen. Auf meine Anfrage nach dem einen Jahr meinte er zögernd, dass er mir das Geld erst in ein paar Monaten zurückzahlen könne. Daraufhin verlängerte ich die Frist um ein weiteres Jahr. Als er die Schuld nach diesem zweiten Jahr immer noch nicht begleichen konnte, überließ ich es ihm, mir das Geld zu überweisen, sobald er entsprechend flüssig war. Die Zeit verging, bis ich kürzlich über einen gemeinsamen Bekannten erfuhr, dass er seit einigen Jahren regelmäßig Veranstaltungen besuchte, die ich obendrein aus formalen Gründen für zweifelhaft hielt. Das kann doch nicht sein, dachte ich mir und forderte mein Geld kurzfristig zurück. Was erhielt ich zur Antwort? Er wollte die Frist nochmals um ein Jahr verlängert wissen. Da stellte ich ein Ultimatum. Seine Antwort war insofern überraschend, als er mir schrieb, dass er das Geld überweisen wollte, aber etwas nicht geklappt hätte. Es wäre aber am 3. September auf meinem Konto. Das war aber einen Tag nach meiner Abreise. Ich beauftragte meine Bank, mich zu benachrichtigen, sobald das Geld auf meinem Konto gutgeschrieben sei.

5. September: Ich habe noch keine Nachricht von meiner Bank. Ich denke, die Ankündigung meines Freundes, mir das Geld umgehend zu überweisen, ist nur Teil einer Taktik der weiteren Verzögerung. Ich beginne mir auszudenken, was ich unternehmen werde, sobald ich wieder zuhause bin. Das geht von geharnischten Briefen mit Kopien an gemeinsame Freunde bis hin zu rechtlichen Schritten. Andererseits überlege ich, alles einfach sein zu lassen. So geht meine Gedankenmühle, als ich nach sehr frühem Aufbruch, einer zweistündigen Busreise und einer ausgedehnten Wanderung auf dem Campingplatz am Myvatnsee in meinem Zelt liege, um mich zu entspannen.

6. September: Ich kann die Gedankenmühle nicht abstellen. Sie begleitet mich auf einer mehrstündigen Wanderung über Lavafelder und einen erloschenen Vulkan. Sie begleitet mich in einem Naturbad. Mein Verstand fragt: Warum kann ich nicht die eine Woche bis zum Ende meiner Reise in Ruhe warten und dann überlegen und entscheiden, was ich nun tun will? Die Antwort: Hier meldet sich das Kind in mir, der kleine Heinz. Also setze ich mich hin, entspanne mich und schließe die Augen. Dann frage ich den kleinen Heinz nach seinem Anliegen.

Zunächst kommt eine Weile nichts, sodass ich meine, ich würde fremde Hilfe brauchen, um hier fündig zu werden. Doch dann kommt mir eine Szene aus meiner Jugend ins Bewusstsein, mit der ich zunächst nichts anzufangen weiß, doch ich bleibe dran.

Hier die Vorgeschichte zu dieser Szene: Ich war mit zwei Schulfreunden in den Sommermonaten des Jahres 1959 in einem VW Käfer von Schweden bis Portugal unterwegs. In Portugal lebte eine Familie, die einen meiner Freunde nach dem Zweiten Weltkrieg zur Erholung aufgenommen hatte. Diese Familie besuchten wir. Zur Heimreise gaben sie uns reichlich Verpflegung mit auf den Weg, unter anderem ein gebratenes Hähnchen. Nachbarn, die zu Besuch gekommen waren, wollten uns ein zweites geben, worauf die Gasteltern ein drittes draufgeben wollten, damit wir jeder eines hätten. Daraufhin baten wir, nur eines zu braten und uns die anderen beiden lebend mitzugeben. Sie würden sonst vielleicht unterwegs verderben. Wir wollten sie bei Bedarf selbst schlachten und braten. Schlussendlich gaben sie uns ein gebratenes und drei lebende Hähnchen mit auf die Reise. Weil wir aber so gut versorgt waren, brachten wir alle drei lebenden Federtiere heil nach Steyr. Dort knobelten wir, wer welches Hähnchen bekommen sollte. Ich brachte meines nach Hause, wo es noch einige Tage im Garten herumlief, ehe es geschlachtet und gebraten werden sollte.

In dieser Szene sehe ich nun, wie der junge Heinz mit neunzehn Jahren dieses Hähnchen mit der Hacke köpft. Als ich dranbleibe, kommen weitere Szenen aus Kindheitsjahren, wo ich sehe, wie meine Großmutter ein Huhn abgestochen hat (sie konnte das mit einem kleinen Stich hinterm Ohr in den Kopf), wo ich sehe, wie mein Onkel ein Kaninchen mit einem Schlag ins Genick getötet hat, wo ich sehe, wie mein Großvater den getöteten Hasen an den Hinterläufen aufgehängt, ihm das Fell über die Ohren gezogen, ihn ausgeweidet und zum Braten in Stücke geschnitten hat.

Hier kommt auf einmal dieses Thema hoch, das den kleinen Heinz all die Jahre unbewusst bewegt hat: Das Töten von Tieren, das Vergießen von Blut. Jetzt wird mir auch bewusst, wie kaltblütig ich damals mit neunzehn Jahren dem Hahn den Kopf abgehackt und ihn dann noch laufen gelassen hatte, bis er zusammenbrach. Demgegenüber fällt mir ein, mit welcher Achtung Naturvölker auf die Jagd gingen und das erlegte Tier um Verzeihung baten.

Ich lasse das alles auf mich wirken.

In der folgenden Nacht erlebe ich ein erhebendes Schauspiel. Am nördlichen Himmel bilden sich wunderschöne Nordlichterscheinungen, einschließlich einer wohlgeformten Corona, die sich über eine halbe Stunde fließend wandelt. Am südlichen Himmel steht der Mond drei Tage vor dem Vollmond und westlich davon ein roter Schimmer von der Lava und dem Vulkanfeuer des Bardarbunga, der zwei Wochen zuvor aktiv geworden war, in etwa 100 Kilometer Entfernung.

7. September: Als ich am nächsten Tag in der gleichen Entfernung eine riesige Wolkensäule aufsteigen sah, weil der Lavastrom den gewaltigen Gletscherfluss überquert hatte, erinnerte mich das an eine Bibelstelle im zweiten Buch Mose: »Der Herr zog vor ihnen her, bei Tag in einer Wolkensäule, um ihnen den Weg zu zeigen, bei Nacht in einer Feuersäule, um ihnen zu leuchten, damit sie bei Tag und Nacht wandern konnten. Nicht wich die Wolkensäule bei Tag und die Feuersäule bei Nacht von der Spitze des Volkes.« *(Ex 13,21-22)*

Mich bewegt das Erlebnis des kleinen Heinz', der das Töten eines Tieres mit angesehen hatte. Ich tauche in diese Erfahrung ein. Dem achtsamen Umgang mit dem Leben gilt meine Aufmerksamkeit. Er wirkt hinein in alle meine Lebensbereiche: in den Umgang mit mir selbst, mit Freunden und anderen Menschen, mit einer partnerschaftlichen Beziehung, mit Beruf und der Gestaltung des Lebens. Ich sehe noch viel Arbeit vor mir.

Oder hat sich nicht alles mit der Erkenntnis gelöst?

In dieser Einsicht ist noch mehr enthalten. Sie beinhaltet den alles umfassenden Umgang mit dem Leben, die Achtung vor dem Leben und den achtsamen Umgang mit ihm einerseits und das Töten und Blutvergießen, das Morden und Brandschatzen bis hin zu den rituellen Blutopfern andererseits. Diese Einsicht reicht weit über meine physische Existenz hinaus. Sie umfasst die gesamte Menschheitsgeschichte. Doch ich weiß, ich habe den Ausgangspunkt gefunden.

Nun gilt es für mich, nur der weiteren Entwicklung zu folgen. Dazu dient mir ein Erlebnis aus meiner Kindheit, das für mich eine Metapher ist, die ich hier weitergebe. Ich war damals in den Sommerferien bei meinen Großeltern in Admont. Als ich eines Morgens aufstand, erfuhr ich, dass in der vergangenen Nacht ein heftiges Gewitter niedergegangen war. Dadurch war der Gebirgsbach, der durch den Ort fließt, aus den Ufern getreten und hatte heftige Vermurungen verursacht. Unter anderem hatte er oberhalb des Ortes ein Straßenstück weggespült und dorthin sein Bachbett verlegt. Das ursprüngliche Bachbett war mit Schottermassen gefüllt und eine Brücke, die dort über den Bach geführt hatte, war weggerissen. Die gemauerten Brückenköpfe waren unter den Schottermassen vergraben. Mein Onkel war es, der dort mit einer Schubraupe das ursprüngliche Bachbett wieder ausbaggerte. Ich schaute interessiert zu, wie er im Trockenen die Schottermassen wegschob. Das heißt, er ließ zunächst dort, wo der Bach sein altes Bett verlassen hatte, sowie dort, wo er wieder zurückfand, einen Damm stehen, bis er zur erforderlichen Tiefe Schottermassen weggeschoben hatte. Als er daranging, die Dämme zuerst am unteren, dann am oberen Ende dieses Abschnitts umzulegen, damit der Bach wieder in sein altes Bett zurückkehren konnte, machten ihn Arbeitskollegen darauf aufmerksam, dass die Brückenköpfe noch nicht freigelegt seien. Darauf erwiderte mein Onkel, dass er das so belassen werde, weil er bei dieser Arbeit mit der Baggerschaufel zu nahe an die Brückenköpfe geraten könne und dabei entweder einen Brückenkopf oder die Baggerschaufel oder gar beide beschädigen würde. Er sagte auch, dass diese Arbeit der Fluss übernehmen werde. Dieser werde die restlichen Schottermassen wegspülen, sodass die Brückenköpfe wieder zum Vorschein kämen. So war es. Nachdem mein Onkel die Dämme mit der Baggerschaufel umgelegt hatte und der Bach wieder in seinem ursprünglichen Bett floss, konnte man sehen, wie ein Stein nach dem anderen weggespült wurde. Nach etwa einer halben Stunde wurde der erste Brückenkopf sichtbar und nach einer weiteren Stunde waren beide freigespült.

So arbeitet der Fluss des Lebens. Hier knüpfe ich eine generelle Beobachtung an: Wir werden erst nach unserer Entlassung vollendet. Wir können erst erwachsen werden, nachdem wir unser Elternhaus verlassen haben. Wir erlangen die berufliche Reife nicht schon anlässlich der Reifeprüfung, sondern erst im Berufsleben, und die Meisterschaft erst in der Pension. Wir werden erst in der Partnerschaft partnerschaftsfähig.

Unser Leben geht erst mit dem Tod seiner Vollendung entgegen.

Ich danke meinem Freund, dass er mich hingehalten hat.

10. September 2014

Die Mitte finden

Ich liege im Zelt. Ich habe noch immer keine Nachricht, ob mein Freund das Geld überwiesen hat.

Ich werde ihm sofort, wenn ich zu Hause bin, einen entsprechenden Brief schreiben, wo ich ihm mitteile, dass er sich – nach einer angemessenen Frist – mit meinem Anwalt unterhalten kann. Ich merke, dass ich mir über die Frist, die ich ihm setzen will, noch nicht im Klaren bin. Aber drei gemeinsame Freunde erhalten eine Kopie, und die Freundschaft werde ich ihm aufkündigen.

Ich werde das alles vergessen. Soll doch der Freund machen, was er will. Wenn er das Geld überweist, ist es gut. Wenn nicht, soll er doch bleiben, wo er ist. Mein seelischer Gewinn ist sowieso unbezahlbar und wiegt alles andere auf.

Es passt nicht: Einerseits alle Register ziehen und andererseits die Angelegenheit hinnehmen, wie sie ist, und gegebenenfalls verzichten: Das Leben zwischen zwei Extremen. Ich spüre in mich hinein und erhalte die Antwort: »Ich bin dem kleinen Heinz jetzt Klarheit schuldig.« Ich muss mein Recht wahren, und das mit dem rechten Maß. In der Mitte ist mein Weg. Um nichts zu übersehen und auch nichts zu übertreiben, sondern klar bei der Sache zu bleiben, will ich mich mit einem befreundeten Richter beraten, ehe ich den nächsten Brief loslasse und mich dann an einen Anwalt wende.

Ich finde mich in meiner Mitte und ich weiß, dass ich dem kleinen Heinz gegenüber die Verantwortung trage und mich nicht von seinen Emotionen leiten lassen darf. Ich sage dem Kleinen, dass ich mich darum kümmern werde und er sich nicht aufregen muss. Er kommt zur Ruhe. In mir wird es ruhig. Ich entspanne mich und sehe klar.

12. September 2014

Drei Monate

Im Vorjahr fand ich in einem Katalog das Angebot für ein zweiwöchiges Zelttrekking in Island. Die Landschaftsbilder haben mich unmittelbar erreicht, sodass ich buchte. Ich erzählte das in einem Kurs für systemische Arbeit, den ich damals besuchte. Darauf meinte der Kursleiter, dass ich mich in Island wegen des vulkanischen Bodens drei Monate aufhalten müsse. Das würde mich zu neuen Einsichten führen und der Erweiterung meines Bewusstseins dienen. Ich buchte den Rückflug entsprechend auf Mitte Oktober um. In Island stellte ich fest, dass die Zeit für Zelttouristen organisatorisch und klimatisch Mitte September zu Ende ist. Ich buchte zurück auf zwei Monate. Das war's dann.

Zu Hause angekommen, ließen mir die drei Monate keine Ruhe. Es gab auch Gebiete, die ich noch sehen wollte, sowohl die Westfjorde als auch den Nordosten. Spontan buchte ich Hin- und Rückflug für den Zeitraum Mitte Juni bis Mitte September.

Als ich am 16. Juni dieses Jahres in Reykjavik ankam, sah ich mich mit Folgendem konfrontiert: Die Fahrt zu den Westfjorden war umständlich, weil es den kombinierten Buspass nicht mehr gab. Das Wetter in den ersten Tagen war regnerisch. Die Orte waren mir vertraut, dafür die Menschen umso fremder. Ich fuhr nach Norden, um zu wandern. Ich hatte Pläne für die ersten Wochen. Dann plötzlich änderte sich mein Sinn: Was will ich? Warum will ich überhaupt dorthin und dahin? Mit einem Male war die

Motivation weg. Gesundheitsbedingter Stress tat das Seine. Am nächsten Tag fuhr ich zurück nach Reykjavik und erhielt noch am selben Abend einen Heimflug.

Zuhause löste ich das Gesundheitsproblem und mein Anspruch, die volle restliche Zeit durchzustehen, wurde wieder wach. Ich hatte ja immer noch den Rückflug im September. Es blieb bei sechs Tagen Reykjavik im Juli. Der Gesundheitsstress war immer noch nicht bewältigt.

Wieder zuhause, begegnete ich Bekannten, die mir wichtige Impulse gaben. Mein Gesundheitsproblem war gelöst und der Rückflug im September war immer noch offen. Noch ein Motiv: Ich wollte unbedingt das Nordlicht sehen. Im Vorjahr hatte ich es dreimal verschlafen. Ich flog zum dritten Mal in diesem Jahr nach Island. Das Thema mit der finanziellen Forderung an meinen Freund war erst kurz zuvor aktuell geworden, also während meines Heimataufenthalts. Es war ein schöner plangemäßer Aufenthalt. Das Wetter war für September überraschend gut. Nur ein Regentag. Ich sah das Nordlicht in seiner Pracht und ging über Hürden in meinem Bewusstsein. Ich bin dem Lavaboden zu Dank verpflichtet.

Wenn ich heute nach Hause fliege, umfasst mein Islandaufenthalt in Summe drei Monate. Es war anders als geplant. Die Zwischenaufenthalte in der Heimat lieferten wichtige Impulse für den nächsten Schritt. Ich war von höherer Hand geführt. War das der schamanische Weg?

Danke an Ralf Jobst für die Einsichten in das wissende Feld, für seine Unterweisung in der Arbeit zur Heilung des inneren Kindes, aber vor allem für seine provokative Forderung, ich müsse in Island drei Monate bleiben, wegen der Vulkane.

Angekommen

Ich bin im Kind angekommen:
  Keine Sehnsucht
  Kein Glauben
  Kein Hoffen
  Nur Liebe

Ich bin im Kind angekommen:
  Kein Für und Wider
  Kein Gut und Böse
  Keine Freude, kein Leid
  Nur stilles Lächeln

Ich bin im Kind angekommen:
  Kein Kämpfen
  Keine Gewalt
  Kein Streben und kein Eifer
  Nur aufmerksame Anwesenheit

Ich bin im Kind angekommen:
  Kein Dogma
  Keine Vorschrift
  Keine Ausgrenzung
  Nur tiefes Mitgefühl

Ich bin im Kind angekommen:
Kein Suchen
Kein Zweifeln
Keine Angst
Nur Urvertrauen

Hingabe

Der Traum von der Wirklichkeit

Wenn die Erwachsenen ihr Kind-Sein in sich entdeckt haben,
dann sind sie wirklich erwachsen geworden,
dann gibt es keinen Stress und kein Burnout,
dann sind sie klar im Kopf und im Herzen,
dann sind sie sozial kompetent,
dann finden echte Begegnungen statt,
dann gehen die Fehlerquoten gegen null,
dann gehen die Unfälle drastisch zurück,
dann gibt es keine unheilbaren Menschen,
dann sind sie in ihrer Mitte,
dann haben sie das rechte Maß gefunden,
dann schrumpft der Kapazitätsbedarf der Krankenhäuser auf einen kleinen Bruchteil,
dann sind sie im Himmelreich angekommen, bei sich.

Die Wirklichkeit beginnt bei dir.

31. Dezember 2014

Kein Ende in Sicht

Gestern waren bei uns die Sternsinger unterwegs. Ich sah sie ins Nebenhaus gehen, als ich Müll entsorgte. Der Zeitpunkt passte mir. Vor zwei Jahren hatten die Sternsinger in meiner Abwesenheit mit Kreide auf meine Wohnungstür »20 C+M+B 13« zusätzlich mit einem + über dem M geschrieben.

Unsere keltischen Vorfahren hatten +++ über der Eingangstüre angebracht, mancherorts in Stein gemeißelt. Die drei Kreuze symbolisierten die vorchristliche Dreifachgöttin Katharina–Margarethe–Barbara, die Vorgängerin der christlichen Dreifaltigkeit, als umfassenden Schutz des Überirdischen, des Irdischen und des Unterirdischen, die jeweiligen Bereiche der drei Göttinnen. Im Zuge der Christianisierung hat Rom die Kreuze durch die Anfangsbuchstaben der drei Göttinnen – K, M und B – ersetzt und die drei Kreuze zusätzlich angebracht. Dazu kam die jeweilige Jahreszahl mit den ersten beiden Ziffern am Anfang und den letzten beiden am Ende. In der Interpretation wurden aus den drei keltischen Göttinnen die Heiligen Drei Könige: Kaspar, Melchior und Balthasar, die ursprünglich drei Weise waren, deren Namen uns nicht bekannt sind. Erst vor etwa fünfzig, sechzig Jahren wurde das K durch ein C ersetzt und aus Kaspar–Melchior–Balthasar wurde Christus Mansionem Benedicat – Christus segne dieses Haus. Zur Ehre meiner Vorfahren und symbolisch für einen umfassenden Segen steht auf der Eingangstür zu meiner Wohnung »20+++14«, geschrieben von mir selbst als dem Wohnungsbesitzer. Die Inschrift ist ja Hausherrensache. Also wartete ich in meiner Wohnung. Ich hörte die Sternsinger kommen. Sie gingen ins oberste Stockwerk und begannen dort ihre Lieder zu singen und ihre Sprüche aufzusagen. Verkleidete Kinder, denen das eingelernt wurde. Als sie in meine Etage kamen, läuteten sie, doch ich blieb hinter verschlossener Tür. Eine Nachbarin öffnete, und so spulten die Sternsinger ihr Programm ab. Als sie gegangen waren, hielt ich Nachschau. Die 4 war durch eine 5 ersetzt. Abgesehen davon, dass es noch zwei Tage bis zum neuen Jahr waren, hat niemand ohne meine Aufforderung bzw. Zustimmung etwas auf meine Wohnungstür zu schreiben. Ich war entrüstet. Dazu kam noch, dass ich das Sternsingen für eine fragwürdige Aktion halte, weil ich nicht weiß, ob dabei die Hilfe für Bedürftige oder die Manipulation einer Weltanschauung, sprich: Bekehrung, stärker zählt. Und Kindern wird eine Rolle aufgesetzt (erkennbar am unpersönlichen Herunterleiern der Lieder und der gesprochenen Texte), die sie ihrer Spontaneität und Natürlichkeit beraubt. – Schlicht und einfach Missbrauch.

Weil mich diese Gedanken intensiv beschäftigten, ging ich in mich und fragte mich, was sich denn da in mir so heftig regte. Als Erstes kam mir in den Sinn, dass ich diesen Menschen keinen Vorwurf machen darf. Ich begann mit der Herzatmung: Mit jedem Einatmen nahm ich die Not dieser Sternsinger und ihrer Auftraggeber in mein Herz und mit jedem Ausatmen verströmte ich Liebe, Licht und Wärme. Mit jedem Atemzug wurde mir leichter.

Doch dann entdeckte ich etwas: Was war eigentlich in mir abgelaufen, als ich hinter verschlossener Wohnungstür stand, draußen die Sternsinger? Nicht ich hatte mich hinter der Tür versteckt, der kleine Heinz war es. Und anstatt hinauszugehen und in aller Freundlichkeit und mit ruhigen und klaren Worten meine Vorstellungen mitzuteilen und zu ersuchen, dass man sich um die Aufschrift auf meiner Wohnungstür nicht kümmern solle, hatte ich mich hinter dem kleinen Heinz versteckt. Ich hatte den kleinen Heinz missbraucht und verabsäumt, ihm zu zeigen, wie man als erwachsener Mann mit einer derartigen Situation umgehen soll.

Eine andere Begebenheit taucht jetzt in meiner Erinnerung auf. Es war vor meinem Schuleintritt, als ich einen katholischen Privatkindergarten besuchte. Die Kindergartentante, eine Schwester vom Orden des Heiligen Kreuzes, erzählte uns eine Geschichte von einem Jungen und einem Mädchen, die beide zu einem Haus kamen. Zuerst läutete der Junge stürmisch und ging polternd und rücksichtslos ins Haus hinein, wo er von wild gewordenen Katzen im Gesicht mehrere Kratzer abbekam. Ganz anders dann das Mädchen: Es läutete sanft, wartete, bis ihm geöffnet wurde, und ging dann achtsam und rücksichtsvoll ins Haus hinein. Diese Geschichte muss sich mir wie ein Postulat – Buben sind wild und aggressiv, während Mädchen achtsam, freundlich und rücksichtsvoll sind – eingeprägt haben, denn kurz darauf habe ich völlig unmotiviert einem Mädchen die Ohrringe abgerissen.

Also nahm ich den kleinen Heinz in mir, der offenbar noch immer unter dem Eindruck dieser Geschichte stand, ganz zu mir. Ich sagte ihm, dass dieses Postulat falsch sei, zeigte ihm einige Beispiele auf und machte ihm vor allem bewusst, dass auch er achtsam und zärtlich sein kann. Ich ließ ihm seine Zeit, diese Einsicht in sich aufzunehmen.

Die Sternsinger hatten mir mit ihrem Eindringen in meine Privatsphäre, durch ihren Hausfriedensbruch, einen Spiegel vorgehalten, mich selbst zu erkennen. Ich verneige mich in Dankbarkeit.

Es geht also nicht nur darum, dass wir das Innere Kind heilen und das Kind in uns wieder zum Leben erwecken. Der nächste Schritt führt uns ins Erwachsensein. Wenn wir das Kind in uns wiederentdeckt haben, müssen wir ihm zeigen, was es heißt, erwachsen zu sein. In der Missachtung dieses wesentlichen Schrittes finden wir die Ursache für Missbrauch – in jeder Form. Der erste Missbrauch findet in uns statt, vom Erwachsenen (der eigentlich noch nicht erwachsen ist) zum Inneren Kind.

Auf mich wartet noch einige Arbeit.

Prosit Neujahr!

Nachwort

Mit dem Schreiben dieses Buches habe ich eine wunderbare Erfahrung gemacht. Mit jedem Tag ist meine Erinnerung Stück für Stück verblasst. Nicht, dass ich sie vergessen hätte. Zurückliegende Ereignisse haben für mich an Bedeutung verloren. Es sind vor allem Schatten, die verschwunden sind. Damit, Hand in Hand, hat für mich auch die Zukunft weniger Gewicht. Ich finde mich verstärkt im Hier und Jetzt.

Was mich beim Schreiben überrascht hat, sind die vielen Verbindungen zur katholischen Kirche und damit auch zum Christentum. Die Bibel ist mir, seit ich Kenntnis von ihr habe, eine wichtige Quelle. Mahatma Gandhi soll einmal gesagt haben, wenn die Christen im Sinne ihres Meisters zu uns kämen, könnten wir ihnen nicht widerstehen. Schon bevor ich das Thema dieses Buches aufgegriffen habe, sagte ich mir, dass die Kirchen ihre Hausaufgaben nie gemacht haben. Mir ist erst in der Begegnung mit jenem angepassten Kind-Mann vor zwei Jahren die zentrale Bedeutung der Worte Jesu »Suchet zuerst das (Himmel)-Reich, alles andere wird euch dazugegeben werden« *(Lk 12,33)* einerseits und »Wenn ihr nicht werdet wie die Kinder, könnt ihr nicht ins Himmelreich kommen« *(Mt 18,3)* andererseits aufgegangen. Beim Schreiben ist mir noch bewusster geworden, dass dieser Himmel hier auf Erden ist und wir ihn jetzt erlangen können: Das Kind in uns hat die Eintrittskarte ins Paradies, und wir können sie jederzeit einlösen.

Es irrt der Mensch, solange er strebt, heißt ein Dichterwort. Während des Schreibens an diesem Buch ist mir etwas klar geworden. Die vielen Ansätze, die ich auf meinem Weg gewählt habe, auch wenn sie mir zugefallen sind, sind allesamt aus meinem Streben gekommen. Ein Kind strebt nicht. Erst wenn wir alles Streben sein lassen, kommen wir der Wahrheit näher – der Wahrheit aus Einsicht und Erkenntnis. Dann kommt sie auf uns zu.

Beim Durchlesen des Manuskripts ist mir erst aufgefallen, dass ich an einigen Stellen die Worte »sich prostituieren« (lat.: prostituere = sich nach vorn stellen, sich zur Schau stellen) geschrieben habe. Das hat mir zu denken gegeben. Da wurde mir bewusst, dass ich mich selbst mit diesem Buch nach vorn bzw. zur Schau stelle. Dann habe ich mich gefragt: Warum mache ich das? Meine Antwort war: Weil ich etwas mitzuteilen habe. Woraus resultiert diese Erfahrung? Sie resultiert aus physischen wie psychischen Schmerzerfahrungen bis hin zu traumatischen Erlebnissen. Fügungen des Schicksals haben mich aus diesem Labyrinth herausgeführt. Wenn wir aber einer schlimmen Erfahrung entkommen sind und sie gelöst haben, dann schweigen wir in Dankbarkeit. Wir outen uns normalerweise nur, wenn wir noch drinstecken. Es ist ein Hilfeschrei!

Was hat es nun mit meinem Hilfeschrei auf sich? Ich sehe die Not der Menschen und die Irrtümer in allen Bereichen des öffentlichen und privaten Lebens. Und ich sehe die Lösung: im Weg zum Inneren Kind. Ablehnung ist die Wurzel alles Bösen in uns, in unserer Familie, in unserem Umfeld, in der Gesellschaft, auf der ganzen Erde. Hass ist nur eine Sonderform dieser Ablehnung.

Wir sind irgendwann der Sandkiste entwachsen. Zwei Bibelstellen weisen uns in aller Deutlichkeit auf unsere persönliche Verantwortung hin:

1. Der Schöpfungsauftrag: »... und machet sie (die Erde) euch untertan! Herrscht über die Fische des Meeres und über die Vögel des Himmels und über alle Tiere, die sich auf der Erde regen!« *(Gen 1,28)*.

2. Die direkte Delegation der Verantwortung: »Amen, ich sage euch: Alles, was ihr auf der Erde binden werdet, das wird auch im Himmel gebunden sein, und alles, was ihr auf der Erde lösen werdet, das wird auch im Himmel gelöst sein.« *(Mt 18,18)*
   Das richtet sich an uns alle, ohne jeden Unterschied.
   Es geht schließlich nur um eines: wie ein Kind zu leben.
   Dann entdecken wir uns und die Welt jeden Tag neu und wir lernen jeden Tag dazu.

Hier fügt es sich, Danke zu sagen, Danke an die Manuskriptleserinnen und -leser. Danke an Andrea, Elisabeth und Thomas, Ingrid, Lieselotte sowie Pia und Gernot. Danke für ihr Feedback. Danke an Sabine Thöne vom Verlag Ennsthaler für ihre präzise Arbeit. Nicht alle Anregungen habe ich ins Buch übernommen, weil jeder Tag anders ist, ich aber die Texte jeweils an einem bestimmten Tag geschrieben habe. So habe ich nur dort Änderungen vorgenommen, wo eine Formulierung ungewollt zu Missverständnissen geführt hätte. Ich behalte die kritischen Anmerkungen aber im Bewusstsein, vor allem werden sie mir in persönlichen Begegnungen dienlich sein.

Danke an Burkhardt Kiegeland, der mir den physischen Weg zur geistig-seelischen Herzöffnung gezeigt hat.

Mein besonderer Dank gilt Bert Hellinger. Die Fügung des Schicksals wollte es, dass er mich vor 35 Jahren über eine entscheidende Schwelle in meinem Leben begleitet hat. In der Folge waren mir die Kurse, an denen ich unter seiner Leitung teilnahm, seine Hinweise auf andere, weiterführende Wege und seine postwendenden, kurzen, auf den Punkt gebrachten Antworten auf meine Fragen eine wertvolle Hilfe. Am meisten geholfen hat mir Bert aber dort, wo er zu meinen Briefen geschwiegen hat.

Literaturverzeichnis

Berne, Eric: Spiele der Erwachsenen –Psychologie der menschlichen Beziehungen, rororo Sachbuch 61350, Rowohlt Verlag, Hamburg, ISBN 978-3-499-61350-0
Das Erkennen der eigenen Ehe-, Party-, Sex-, Räuber-, Doktor- und Lebensspiele hilft uns zu einer neuen Bewusstheit und ebnet uns den Weg zu einer konstruktiven Lebensführung. Das Buch verspricht Lesevergnügen und einen befreienden Erkenntniszuwachs in den ernsten persönlichen, familiären und gesellschaftlichen Krisensituationen des Alltags.

Campbell, Joseph: Der Heros in tausend Gestalten, Suhrkamp, 1978, ISBN 3-518-36924-5
Der Autor stellt die weltumspannende Gemeinsamkeit aller Heldensagen, -geschichten und -epen dar: Der spätere Held tritt über eine Schwelle in ein fremdes, unbekanntes Land. Dort ist er Gefahren ausgesetzt und muss Prüfungen bestehen. Reich an Erfahrungen kehrt er über eine andere Schwelle zurück in seine Heimat, oft so verändert, dass er nicht wiedererkannt wird.

Castaneda, Carlos: Das Wirken der Unendlichkeit, Fischer TB 14740, ISBN 978-3-596-14740-3
Dieses Spätwerk Castanedas liefert vielseitige Einblicke in sein Leben und bietet neue Zugänge zu seinen anderen Veröffentlichungen. Es fiel mir erst zu, nachdem ich mein vorliegendes Buch geschrieben hatte, und es öffnete mir neue Einsichten, auch in Bezug auf meine eigenen Texte. So mag es auch den Lesern für das tiefere Eindringen in meine Darstellungen dienlich sein.

Castaneda, Carlos: Die Kraft der Stille – Neue Lehren des Don Juan, Fischer TB 10926, ISBN 3-596-10926-4
Ein anspruchsvolles Buch, in dem Kernthemen der Lebensführung angesprochen werden. Streckenweise braucht man eine schamanische Denkweise, um den Text zu verstehen.

Castaneda, Carlos: Reise nach Ixtlan – Die Lehre des Don Juan, Fischer TB 1809, ISBN 3-596-21809-8
Was gehört zu einer klaren Lebenseinstellung? Sich selbst nicht wichtig zu nehmen; so zu handeln, als wäre es meine letzte Tat; den Tod vor Augen zu haben …

Feldenkrais, Moshé: Abenteuer im Dschungel des Gehirns – Der Fall Doris, Suhrkamp, ISBN 978-3-518371633
Am Beispiel der Therapie für eine Frau nach einem Schlaganfall werden die komplexen Zusammenhänge in unserem Bewusstsein dargestellt.

Feldenkrais, Moshé: Bewusstheit durch Bewegung – Der aufrechte Gang, Suhrkamp, ISBN 978-3-518369296
Seine eigene Knieverletzung anlässlich eines Fußballspiels hat den russischen Physiker in neue Aufmerksamkeiten geführt. Indem er die Zusammenhänge zwischen feinen Körperbewegungen und der Entwicklung unseres Bewusstseins entdeckte, hat er nicht nur seine Verletzung ausgeheilt, sondern nebenbei eine neue nach ihm benannte Therapieform gefunden.

Fischer, Theo: Wu wei – Die Lebenskunst des Tao, rororo 61980, ISBN 978-3-499-61980-9
Der Autor zeigt, dass schon die chinesischen Weisen einen einfachen und praxisorientierten Weg entwickelt haben, das Leben in seiner ganzen Vielfalt anzunehmen und zu genießen. Dabei geht es darum, aus dem inneren Zentrum zu handeln, im Einklang mit dem Fluss des Lebens zu sein, im Hier und Jetzt zu leben. Wenn wir ihm folgen, wird uns nichts mehr aus der Bahn werfen. Eine Antwort auf unseren hektischen und stressgeplagten Alltag.

Fromm, Erich: Jenseits der Illusionen – Die Bedeutung von Marx und Freud, dtv 34321, 2006, ISBN 978-3-423-34321-3
Fromm zeigt auf, wie einerseits Karl Marx und andererseits Sigmund Freud herausarbeiten, wodurch der Mensch in seiner gesellschaftlichen (Marx) bzw. individuellen (Freud) Existenz beherrscht wird. Beide waren der Auffassung, dass der Mensch mit Illusionen lebt, weil nur diese das Elend des wirklichen Lebens erträglich machen. Eine Befreiung ist nur möglich, wenn sich der Mensch dieser Tatsachen bewusst wird, um dann mit eigenen Kräften und Fähigkeiten die Realität so zu verändern, dass er die Illusion nicht mehr braucht. Das ist die Voraussetzung für gesellschaftliche (Marx) und individuelle (Freud) Entwicklung.

Golas, Thaddeus: Der Erleuchtung ist es egal, wie du sie erlangst, Goldmann 22031, 2013, ISBN 978-3-442-22031-1
Erleuchtung ist etwas Alltägliches. Das Buch hilft uns zum Verständnis.

Grof, Stanislav: Auf der Schwelle zum Leben – Die Geburt: Tor zur Transpersonalität und Spiritualität, Heyne Verlag, München, ISBN 978-3-453029887
Der Autor beschreibt die Vorgänge beim holotropen Atmen und ihre Ergebnisse. Die von ihm angelegte Dokumentation dieser therapeutischen Arbeit ist die umfassendste.

Hellinger, Bert: Die Heilung – Gesund werden, gesund bleiben, Hellinger Publications, Berchtesgaden, 2011, ISBN 978-3-942808-01-9
Gesundheit und Krankheit wirken auf einer physischen, emotionalen, mentalen und seelischen Ebene. Dieses Buch führt in jeden dieser Bereiche ein. Es nimmt uns durch Meditationen und Übungen immer wieder in eine persönliche heilende Bewegung mit.

Hellinger, Bert: Die Quelle braucht nicht nach dem Weg zu fragen – Ein Nachlesebuch, Carl-Auer-Systeme Verlag, Heidelberg, 2001, ISBN 3-89670-183-5
Das Buch ist eine Nachlese, für die Bert Hellinger alle dokumentierten Kurse nochmals durchgegangen ist, um jene Abschnitte auszuwählen, die in anderen Veröffentlichungen nicht berücksichtigt wurden. Eine wahre Fundgrube.

Hellinger, Bert: Innenreisen, Erfahrungen – Betrachtungen – Beispiele, Kösel-Verlag, München, 2007, ISBN 978-3-466-30739-5
Bert Hellinger führt uns auf den Weg zu unserer Mitte, dorthin, wo wir am tiefsten bei uns sind.
Ein Buch, das nährt und Kraft gibt.

Hellinger, Bert: Leib und Seele, Leben und Tod, Carl-Auer-Systeme Verlag, Heidelberg, 1998, ISBN 3-89670-066-9, CD1

Hellinger, Bert: Psychotherapie und Religion, Carl-Auer-Systeme Verlag, Heidelberg, 1998, ISBN 3-89670-066-9, CD2
Hellinger führt mit sehr klaren Worten aus, dass wir Seele als etwas Individuelles oder als Gruppen-Phänomen erfahren können, dass diese aber letztlich eingebettet ist in die Große Seele, die allumfassend ist. In der Großen Seele sind alle Gegensätze aufgehoben, auch die Gegensätze von Gut und Böse, Vorher und Nachher, Leben und Tod. Erst in Verbindung mit ihr erfahren wir uns ganz und vollendet.

Die weiteren Betrachtungen der Großen Seele, sowohl im Leben als auch in der Psychotherapie, führen zu den vorliegenden Vorträgen »Leib und Seele, Leben und Tod« und »Psychotherapie und Religion«". Sie führen an Grenzen.

Hellinger, Bert: Natürliche Mystik – Wege spiritueller Erfahrung, Verlag Kreuz, Stuttgart, 2008, ISBN 978-3-7831-3035-5
Einerseits ein anspruchsvolles, weil philosophisches Buch, andererseits überraschend einfach, weil Hellinger darin Alltägliches aufgreift.

Hesse, Hermann: Verliebt in die verrückte Welt, it 3651, Insel Verlag, Berlin, ISBN 978-3-458-35351-5
Der sprachliche Ausdruck, der sich in allen Werken Hesses wiederfindet, kommt in dieser Sammlung von Texten aus seinem ganzen Arbeitsleben als Schriftsteller besonders zur Geltung. Die Inhalte können den Lesern des vorliegenden Buchs weiterführende Impulse geben.

Janov, Arthur: Der Urschrei, Fischer, 1982, ISBN 978-3-100367013
Hier führt uns der Entwickler der Primärtherapie deutlich vor Augen, welche Folgen gebundener frühkindlicher Schmerz bis hin zum Geburtstrauma im Erwachsenenleben eines Menschen hat und wie er therapeutisch gelöst werden kann.

Krishnamurti, Jiddu: Vollkommene Freiheit – Das große Krishnamurti-Buch, Fischer TB 15067, Frankfurt, ISBN 3-596-15067-1
Diese Sammlung von Vorträgen habe ich erst nachträglich gelesen. Es scheint so, dass das vorliegende Buch Handlungshinweise für den Weg bietet, den Krishnamurti vorzeichnet.

Lankton, Stephen R.: Practical Magic – A Translation of Basic Neuro-Linguistic Programming into Clinical Psychotherapy, Meta Publications, Cupertino, California, ISBN 0-916990-08-7
Dieses Buch aus den Anfängen des NLP zeigt uns sehr anschaulich, dass es ein Werkzeug ist, nicht mehr und nicht weniger, ein sehr nützliches allerdings, das man gebrauchen, aber auch missbrauchen kann.

Lowen, Alexander: Bioenergetik – Therapie der Seele durch Arbeit mit dem Körper, Rowohlt E-Book, 2011, ISBN 978-3-3644413610

deMause, Lloyd: Hört ihr die Kinder weinen – Eine psycho-genetische Geschichte der Kindheit, Suhrkamp stw 339, Frankfurt am Main, 1980, ISBN 978-3-518-27939-7
»Die Geschichte der Kindheit ist ein Alptraum, aus dem wir gerade erst erwachen.« Hier wird uns deutlich vor Augen geführt, wie weit Kindesmissbrauch und -misshandlungen zurückreichen – weltweit.

Norbekov, Mirsakarim: Eselsweisheit – Der Schlüssel zum Durchblick oder wie Sie Ihre Brille loswerden, Goldmann Arkana 21776, München, ISBN 978-3-442-21776-2
Hier geht es nicht allein um Dioptrien, sondern um den Durchblick in jeder Beziehung. Mirsakarim Norbekovs Methode hat sich in Russland wie ein Lauffeuer verbreitet. Es sind nicht nur seine praktischen Anregungen, die unsere Lebensqualität enorm steigern können. Der Autor bläst zum Kampf gegen den inneren Schweinehund.

O'Donohue, John: Anam Cara – Das Buch der keltischen Weisheit, dtv 24119, ISBN 3-423-24119-5
Das Buch vermittelt die den Kelten eigene tiefe Einsicht in das Wesen der Liebe und der Freundschaft, die zwei Menschen auf unzertrennliche Weise verband. Anam Cara bedeutet nach keltischem Verständnis »Seelenfreund«.

Osho: Das Buch der Heilung – Von der Medizin zur Meditation, Ullstein TB 74213, Berlin, ISBN 978-3-548-74213-7
Osho zeigt in den hier gesammelten Reden den spirituellen Urgrund von Gesundheit und Krankheit sowie die Verbindung zum ursprünglichen Kind-Sein auf.

Osho: Intimität – Vertraue dir selbst und den anderen, Ullstein TB 74214, Berlin, ISBN 978-548-74214-4
Die Angst vor Nähe verlieren

Osho: Tantra – Die höchste Einsicht, Innenwelt Verlag, Köln, ISBN 3-936360-73-1
Osho kommentiert ein Dokument über den innersten Kern des tibetischen Tantra und übersetzt den außergewöhnlichen Text in eine zeitgemäße Sprache.

Rosen, Sidney: Die Lehrgeschichten von Milton H. Erickson, iskopress, Salzhausen, ISBN 978-3-89403-424-5

Eine intuitive Einführung in die Arbeitsweise eines der profiliertesten Hypnotherapeuten, die zudem für die Entwicklung von Humor und Schlausein sehr aufschlussreich ist.

Sills-Fuchs, Martha: Wiederkehr der Kelten, Knaur Esoterik 4143, München, 1983, ISBN 3-426-04143-X
Ich war überrascht, wie viele Spuren, teils nur noch aus den Gewohnheiten meiner Großeltern, in die keltische Kultur zurückführen und über welches Wissen dieses Volk, das vom Schwarzen Meer bis an die nordwestlichen Ausläufer Europas ohne gemeinsame Regierung eine Einheit bildete, verfügte.

Sogyal Rinpoche: Das tibetische Buch vom Leben und vom Sterben – Ein Schlüssel zum tieferen Verständnis von Leben und Tod, Otto Wilhelm Barth Verlag, ISBN 3-502-62580-8
Der mit unserer (westlichen) Kultur vertraute tibetische Buddhist führt uns anhand der Erläuterung des Tibetischen Totenbuches an eine Lebenspraxis heran, durch die uns der Tod vertraut wird und wir den Alltag authentisch und mit Lebensfreude erfahren.

Varga von Kibéd, Matthias/Sparrer, Insa: Ganz im Gegenteil – Für Querdenker und solche, die es werden wollen, Carl-Auer-Systeme Verlag, Heidelberg, 2000, ISBN 3-89670-121-5
Eine systematische Einführung, nicht nur in ungewohnte Denkmöglichkeiten, heraus aus den eingelernten Mustern, sondern auch die erste dieser Art in die Theorie und Praxis der Systemischen Strukturaufstellungen, einer von den Autoren eingeführten Weiterentwicklung des Familien-Stellens.

Walker, Norman: Auch Sie können wieder jünger werden, Goldmann 13693, München, ISBN 978-3-442-13693-3
Dieses Buch ist nicht nur ein wertvoller Beitrag für Ernährungsbewusste. Es macht praktisch auf jeder Seite deutlich, dass alles unsere eigene Verantwortung ist und wir uns erst dann kritisch über etwas äußern dürfen, wenn wir darüber Bescheid wissen!

Yogananda, Paramahansa: Autobiographie eines Yogi Otto-Wilhelm-Barth Verlag, ISBN 978-0876120907

Alle Bibelzitate sind der Herder-Bibel entnommen: Die Bibel, Verlag Herder, Freiburg im Breisgau, 2005, ISBN 3-451-28412-X

Über den Autor

Foto: Rußkäfer

Heinz Stöcher, 1940 in Steyr geboren.

Bildungsweg: Maschinen- und Motorenbau an der Höheren Technischen Lehranstalt in Steyr, Matura 1959. Studium der Betriebswirtschaft an der Hochschule für Welthandel in Wien mit Diplom 1962. Benediktinermönch in Admont von 1963 bis 1967; während dieser Zeit Ergänzungsmatura für humanistische Gymnasien, Studium der Philosophie und Theologie in Salzburg und an der Päpstlichen Universität Sant'Anselmo in Rom mit Bakkalaureat 1967.

Parallel zur beruflichen Tätigkeit intensive Selbsterfahrungskurse, anfangs aus beruflichen, später aus persönlichen Motiven, mit Erfahrungen in holotropem Atmen, Bioenergetik, Transaktionsanalyse, Primärtherapie, Familienstellen und Organisationsaufstellungen, Dynamischen Meditationen und Meditationsausbildung, Tiefengewebsmassage, Kurse bei Schamanen aus Österreich (Druiden), Nordamerika (Sioux- bzw. Puebloindianer), Südafrika (Zulu/Sangoma) und Korea (Mudang).

Berufslaufbahn: Organisationsleiter in einem Industriebetrieb (1968–1971), Referent für Erwachsenenbildung (1971–1974), Personalleiter in einem Druck-, Verlags- und Handelsunternehmen (1974–1987), selbstständiger Trainer in der beruflichen Erwachsenenbildung (1974–2003) in den Bereichen Kommunikation, Rhetorik, Teamarbeit, Mitarbeiterführung, Prozessbegleitung (Moderation) von Managerklausuren.

Vater von drei Kindern, davon eine mehrfach behinderte Tochter. Lebt in Steyr. Seit 2009 ehrenamtliche Mitarbeit beim Roten Kreuz im Behindertentransport.

Weitere Bücher von Heinz Stöcher:

Der Weg ins Herz
Copyright © 2010 by Heinz Stöcher
ISBN 978-3-200-01695-8

Spuren des Bewußtseins. Autobiographie eines Ikonoklasten.
Ein hypnotherapeutisches Lesebuch
Copyright © 2011 by Heinz Stöcher

Erhältlich sind die Bücher beim Autor,
E-Mail: heinrich@stoecher.com

WEITERS ERSCHIENEN

Sonja Raab

Die Wenderin

136 Seiten, *ISBN 978-3-85068-917-5*

Manchmal sucht man seine spirituellen Wurzeln in der weiten Welt. Und entdeckt sie doch erst, wenn man von der Reise zurückgekommen ist. »Die Wenderin« erzählt von ihrer Reise in die kanadische Wildnis, wo sie von einem Inuit-Schamanen eingeweiht wurde. Und sie führt uns danach zurück ins Mostviertler Ybbstal. Dort findet sie die schamanischen Wurzeln in den alten Bräuchen und im Volksglauben wieder. Sie erzählt von Fraisenketten und Drudmessern, vom Warzenwenden und von den alten Zeiten, als die Menschen noch gezaubert und geflucht, gehext und geheilt haben.

ENNSTHALER VERLAG STEYR

Bücher für ein bewusstes Leben

WEITERS ERSCHIENEN

Auf der Grundlage ihrer spirituellen Erfahrungen und der langjährigen praktischen Hospizarbeit hat die Irin Phyllida Anam-Aire die keltische Tradition und Kultur des bewussten Lebens und Sterbens wiederentdeckt. Sie verbindet die alte Weisheit von Bedeutung und Ablauf des Sterbeprozesses und dessen Zusammenhang mit dem vorher geführten Leben mit modernem medizinischem und psychologischem Wissen.

Phyllida Anam-Aire
Keltisches Totenbuch
176 Seiten, ISBN *978-3-85068-690-7*

Ist es möglich, die alte Weisheit der Kelten in unser heutiges Leben zu integrieren? Phyllida Anam-Aire lädt den Leser ein, tiefer in die Psychologie der keltischen Welt einzutauchen. Dieses Buch ist besonders – da es in einer Sprache geschrieben ist, die wir nie wirklich vergessen haben, der Sprache des Herzens, der Gefühle, der Geschichtenerzähler.

Phyllida Anam-Aire
Keltische Weisheit im Alltag
288 Seiten, ISBN *978-3-85068-770-6*

ENNSTHALER VERLAG STEYR
Bücher für ein bewusstes Leben